Jacques Ardoino
& a Educação

COLEÇÃO
PENSADORES & EDUCAÇÃO

Roberto Sidnei Macedo
Joaquim Gonçalves Barbosa
Sérgio Borba
(Orgs.)

Jacques Ardoino
& a Educação

autêntica

Copyright © 2012 Os autores
Copyright © 2012 Autêntica Editora

COORDENAÇÃO DA COLEÇÃO PENSADORES & EDUCAÇÃO
Alfredo Veiga-Neto

CONSELHO EDITORIAL
Alfredo Veiga-Neto (UFRGS), *Carlos Ernesto Noguera* (Univ. Pedagógica Nacional de Colombia), *Edla Eggert* (UNISINOS), *Jorge Ramos do Ó* (Universidade de Lisboa), *Júlio Groppa Aquino* (USP), *Luís Henrique Sommer* (UNISINOS), *Margareth Rago* (UNICAMP), *Rosa Bueno Fischer* (UFRGS), *Sílvio D. Gallo* (UNICAMP)

EDITORAÇÃO ELETRÔNICA
Christiane Morais de Oliveira

REVISÃO
Renilda Figueiredo

EDITORA RESPONSÁVEL
Rejane Dias

Revisado conforme o Acordo Ortográfico da Língua Portuguesa de 1990, em vigor no Brasil desde janeiro de 2009.

Todos os direitos reservados pela Autêntica Editora. Nenhuma parte desta publicação poderá ser reproduzida, seja por meios mecânicos, eletrônicos, seja via cópia xerográfica, sem a autorização prévia da Editora.

AUTÊNTICA EDITORA LTDA.

Belo Horizonte
Rua Aimorés, 981, 8º andar .
Funcionários . 30140-071
Belo Horizonte . MG
Tel.: (55 31) 3214 5700

Televendas: 0800 283 1322
www.autenticaeditora.com.br

São Paulo
Av. Paulista, 2073 . Conjunto Nacional
Horsa I . 11º andar . Conj. 1101 .
Cerqueira César . 01311-940
São Paulo . SP
Tel.: (55 11) 3034 4468

Dados Internacionais de Catalogação na Publicação (CIP)
(Câmara Brasileira do Livro, SP, Brasil)

Jacques Ardoino & a educação / Roberto Sidnei Macedo, Joaquim
   Gonçalves Barbosa, Sérgio Borba, (orgs.). -- Belo Horizonte : Autêntica
   Editora, 2012. -- (Coleção Pensadores & Educação)

Vários autores.

Bibliografia.

ISBN 978-85-8217-056-4

   1. Ardoino, Jacques 2. Educação - Filosofia 3. Lutero, Martinho, 1483-
1546 4. Sociologia educacional I. Macedo, Roberto Sidnei. II. Barbosa,
Joaquim Gonçalves. III. Borba, Sérgio. IV. Série.

12-11951   CDD-370.1

Índices para catálogo sistemático:
1. Jacques Ardoino : Filosofia : Educação   370.1

*O conhecimento acontece justamente quando a ciên-
cia cartesiana e positivista não o reconhece.*

*Não há jamais objeto autônomo, ou seja,
fora do tempo, da sensibilidade, da percepção,
do vivido e da (in)consciência.*
Jacques Ardoino

Sumário

Apresentação 9

Introdução 13

Capítulo I – *A multirreferencialidade* na Universidade de Paris Vincennes à Saint-Denis: o pensamento e a práxis de Jacques Ardoino
Guy Berger 21

Capítulo II – *Multirreferencialidade:* o pensar de Jacques Ardoino em perspectiva e a problemática da formação
Roberto Sidnei Macedo 35

Capítulo III – Uma escola *multirreferencial:* a difícil arte de se autorizar, o pensamento plural de Jacques Ardoino e a educação
Joaquim Gonçalves Barbosa...................................... 63

Capítulo IV – Jacques Ardoino: espaços de formação, implicação e multirreferência
Sérgio Borba 81

Capítulo V – Pensar a *multirreferencialidade*
Jacques Ardoino 87

Considerações conclusivas 101

Cronologia 105

Principais livros 107

Livros e revistas sobre a obra e a vida intelectual .. 108

Coletâneas sobre a multirreferencialidade 109

Principais sites relacionados à vida e à obra de
Jacques Ardoino 110

Sobre os autores 111

APRESENTAÇÃO

Neste livro, vêm a público ideias e argumentos que se implicam no aprofundamento da obra de Jacques Ardoino, a partir de estudos, pesquisas e ações formativas. Preocupados em dar densidade aos mais refinados debates, principalmente sobre a teoria da *multirreferencialidade*, esta teoria que aos poucos entra no discurso educacional brasileiro eivado de certas despreocupações, organizamos neste livro não um conjunto de comentários que se querem fiéis à obra do autor – por certo ele não aprovaria essa empreitada –, mas composições singulares e relacionais um tanto quanto antropofágicas, em que emerge, em toda a sua pujança, a perspectiva *multirreferencial* que, historicamente, tem nutrido o pensar heterogêneo como uma irredutibilidade, tanto nas Ciências Antropossociais quanto nas Ciências da Educação em especial. Na construção de cada articulista presente nesta obra, aproximações são experimentadas, trazendo para o diálogo autores que provocam bifurcações pertinentes em relação à *epistemologia multirreferencial* de Jacques Ardoino.

Mas decidimos construir esta devoração brasileira com a presença consentida do seu pensador fulcral, na sua emergência já publicizada de um *maître-penseur* no campo da epistemologia das Ciências Antropossociais e da Educação. Temos aqui um artigo de autoria do próprio Ardoino.

Há que se realçar que Ardoino implementa, já há cerca de 30 anos, um debate denso e tenso com pesquisadores europeus, principalmente com Gaston Mialaret, uma das autoridades neste campo, sobre a epistemologia das Ciências da Educação. No primeiro, emerge o caráter irredutível da heterogeneidade como matriz reflexiva sobre essas ciências e suas ressonâncias práticas; no segundo, permanece a forte defesa da busca de uma coerência epistêmica que possa unificar essas ciências através de princípios de unidade e estabilidade, com fortes heranças do positivismo lógico. Esse debate já experimenta níveis agônicos entre nós, porque encontra-se eivado de poucos subsídios explicitativos e pobres possibilidades propositivas. Ele está numa pauta recorrente na qual pensamentos monistas que sonham com a constituição de uma Ciência da Educação entram em atrito constante com as disjunções não relacionais de departamentos pensados para separar de forma quase antinômica setores responsáveis pela formação pedagógica entre nós (fundamentos, ciências da educação, metodologias, etc.) em nome de certas corporações epistêmicas. Em realidade fundam um "beco sem saída" pelas sínteses integrativas e purismos epistemológicos que cultivam.

Ademais, esforçamo-nos em trazer, para felicidade do nosso autor, um ensaio densamente biográfico escrito pelo professor emérito da Universidade de "Paris 8", Guy Berger, seu longevo colega de pesquisas, estudos e formação. Ardoino e Berger, quando ainda em plena atividade na formação doutoral da Universidade de Paris Vincennes à Saint-Denis (esses dois professores eméritos ainda participam de ações formativas desta universidade apesar de já estarem na aposentadoria legal), conduziram juntos, por vários anos, o principal Seminário desta formação, tomando a teoria da *multirreferencialidade* em Ciências da Educação como o mote principal das reflexões fundantes deste seminário.

Quanto à motivação que nos mobilizou para a construção desta obra, pautou-se numa intenção, por nós há muito tempo cultivada, de organizar um conjunto de argumentos em que a vida acadêmica, o trabalho científico e formador de Jacques Ardoino estivessem realçados e entretecidos, possibilitando ao público brasileiro uma aproximação maior com o pensamento deste autor e sua biografia acadêmica e, principalmente, da teoria da *multirreferencialidade*, que, enquanto compreensão, vem sendo apropriada nos meios educacionais por algumas obras, práticas, diretrizes e marcos regulatórios, sem, entretanto, deixarem claro os sentidos fundantes da própria teoria, suas origens históricas, ressonâncias epistemológicas e práxicas.

Mas é preciso deixar claro também que, na composição fractal dos nossos argumentos, outros conceitos mediadores da itinerância pensante e práxica de Ardoino se apresentam com realce, como aqueles de *autorização, alteração, negatricidade, clínica, implicação e temporalidade*, trabalhados ao longo dos artigos que compõem esta obra.

É assim que, na composição aqui construída, com fortes inserções biográficas, realçamos pontos essenciais do pensamento de Jacques Ardoino no campo das Ciências da Educação e Antropossociais, bem como da formação, praticando certa devoração das suas sistematizações epistemológicas nestes campos, como, aliás, do cerne da sua elaboração maior, a de multirreferencialidade, o próprio Ardoino gostaria de ver **mobilizadas**, com muita atenção, tensões dialetizantes e questões generativas.

Os organizadores

Introdução

Roberto Sidnei Macedo

FORMACCE FACED/UFBA

Inspirado no contexto intelectual e político construído pela história da Universidade de Paris Vincennes à Saint-Denis (Paris 8), nascida no seio dos movimentos contestatórios, instituintes e emancipacionistas dos anos 1960 na França, bem como provocado pela entrada definitiva das pautas e tensões epistemológicas contemporâneas nas reflexões e práticas educacionais, Jacques Ardoino propõe uma *epistemologia plural* para as Ciências da Educação e Antropossociais. Numa ambiência de debates em que se realiza o entretecimento pulsante de pensamentos pluralistas e emancipacionistas como os de René Lourau, Edgar Morin, Gilbert Durand, Cornelius Castoriadis, Claude Léfort, René Barbier, Michel Serres, Michel Maffesoli, Guy Berger, Michel Lobrot, Henri Atlan, Remi Hess, George Lapassade, entre outros intelectuais franceses que, direta ou indiretamente, teceram os ideais e os ideários da Análise Institucional francesa e das ações libertárias que aí fecundaram, Jacques Ardoino exerce uma liderança intelectual reconhecida, a ponto de fazer da "sua" *epistemologia* e das reflexões sobre suas realizações intelectuais e formativas uma inspiração que orientou por vários anos a formação dos pesquisadores do programa doutoral do Departamento de Ciências da Educação da vanguardista

Universidade de Paris Vincennes à Saint-Denis (Paris 8), onde se tornou professor emérito.

O grande mérito do seu argumento educacional é fazer entrar, de forma original e fecunda, na epistemologia das Ciências da Educação e Antropossociais, um sistema de pensamento e uma perspectiva de práxis educacional, em que a heterogeneidade é o ponto de partida epistemológico, ético, político e formativo, reconhecida como irredutível para se pensar e trabalhar com as práticas educacionais e formativas. Motivo da publicação de números específicos de algumas revistas de mérito no campo das Ciências da Educação na Europa, a epistemologia e a práxis educacional de Ardoino fazem do seu argumento instituinte sobre a *multirreferencialidade*, a *alteração* e a *autorização*, por exemplo, um potente analisador crítico e um fundante dispositivo de formação, que deslocam, destrivializam e desnaturalizam as compreensões e práticas forjadas nas palavras de ordem, nas respostas pré-digeridas, nos lugares-comuns, nos conceitos protegidos, nos significados autoritários e nas conclusões integrativas. É assim que a existência e a cultura, no plural, e relacionalmente concebidas, alimentam e fazem brotar uma epistemologia das Ciências da Educação e, *a fortiori*, uma compreensão da formação implicada à emergência culturalmente singular da nossa *human-idade*. Surge aqui o cultivo da *temporalidade* como um fenômeno eminentemente heterogêneo.

No Brasil, a *devoração* do pensamento de Ardoino está implicada em vários temas, que vão dos estudos do campo do currículo à formação, à difusão do conhecimento, à gestão educacional, à didática, à avaliação da aprendizagem e da formação, à pesquisa em Ciências Antroposssociais e da Saúde, bem como aos argumentos que fundamentam e legitimam, entre várias ações educacionais, algumas propostas de política pública em educação, a exemplo da explícita orientação das *Diretrizes Curriculares para a Formação de Professores* que, em meio aos seus principais argumentos, elegem a teoria da *multirreferencialidade* como um argumento importante para orientar as ações formativas de professores, sem, entretanto, explicitar seus sentidos fundantes.

Outrossim, é justamente em função da "banalização" conceitual da teoria que resolvemos criar mais este espaço argumentativo e de tensões heurísticas para sermos relativamente convergentes com os argumentos desse intelectual de temperamento forte e de um argumento profundamente enraizado numa epistemologia pluralista, visando realçar a pertinência da perspectiva forjada por ele e as bifurcações produzidas, trazendo, inclusive, um artigo original do seu próprio punho, bem como um ensaio quase biográfico do seu histórico companheiro de debates, diria mesmo um coautor da perspectiva e dos argumentos multirreferenciais durante uma trintena de anos, o também professor emérito da Universidade de Paris 8, Guy Berger.

Cultivando de forma crítica o pensar complexo preocupado com as suas simplificadas apropriações, e participando ativamente dos debates europeus e mundiais sobre a questão multiepistemológica das Ciências da Educação e das práticas educacionais, Ardoino reconhece e, ao mesmo tempo, desbanca as lógicas unificantes e monistas da disciplina, da especialização e dos diversos modelos unificantes, como dispositivos configuradores da formação entendida como modo de ser. A *multirreferencialidade*, podemos afirmar, é uma epistemologia mundana, do inacabamento, da impureza e da realização enquanto práxis, que fala sobre nossa tragédia perene, produzida pela incompletude ineliminável que nos configura, identifica-nos e, ao mesmo tempo, angustia-nos e nos afasta. Para Ardoino, essa terá que ser uma angústia vivida e convocada, bem como uma pauta prática profundamente formativa, com fecundas consequências éticas, políticas e culturais para a *alteração* da nossa autocrática, excessivamente iluminista experiência educacional.

Implicação, alteração, autorização e *negatricidade* são alguns dos conceitos que entretecem o seu pensamento, denso de historicidade, hermenêutica filosófica e inserções psicanalíticas, bem como de um ideário educacional prenhe da vontade de debates que pluralizem, impliquem, alterem e autorizem. Ideários esses caros e constantes no seu pensamento e na sua prática formativa como professor e pesquisador das Ciências da Educação.

> Assumindo plenamente a hipótese da complexidade, até mesmo da hipercomplexidade da realidade a respeito da qual nos questionamos, a abordagem multirreferencial propõe uma leitura plural de seus objetos (práticos ou teóricos), sob diferentes pontos de vista, que implicam tanto visões específicas quanto linguagens apropriadas às descrições exigidas, em função de sistemas de referências distintos, considerados, reconhecidos explicitamente como não-redutíveis uns aos outros, ou seja, heterogêneos (ARDOINO, 1998, p. 24).

Seu pensamento sedento de pluralidade inquieta, provoca, desloca, muitas vezes para vislumbrar tão somente outras faces, outras diferentes possibilidades, mesmo que possamos, com clareza, identificar na sua itinerância e na sua luta por significantes sociais, existenciais, educacionais e formativos, um ideário que se indigna com a injustiça e a opressão e propõe saídas de possibilidades emancipacionistas. Sua perspectiva pluralista jamais passa por atos de conforto, de construção de conceitos protegidos e lugares-comuns, ou de uma perspectiva conjuntista-identitária.

> Na medida em que os homens empreendem e realizam projetos, juntos eles interagem. O vínculo social torna-se, desse modo, um dos seus objetos práticos. A problemática do poder que aí se associa sempre, interessa tanto à vivência dos indivíduos, dos sujeitos, quanto ao funcionamento do corpo social, das organizações e das instituições, ou às relações interpessoais de dominação, de submissão, de interdependência, tecendo a cotidianidade do agir. Em todos esses casos, a comunicação (supondo-se reconhecidas a alteridade e a implicação de cada um dos parceiros, bem como os efeitos específicos de suas interações-alterações) permanece o meio incontornável

pelo qual as trocas de informações, necessárias à persecução dos objetivos, podem eventualmente se realizar. Aparentemente, é uma língua única, a língua veicular nacional, que serve para elaborar, trocar, transmitir, expressar, traduzir, mobilizar afetos, ideias, opiniões, crenças. Na verdade, são linguagens muito diferentes umas das outras, pelos modelos que implicam, até mesmo em razão de suas visões de mundo subjacentes, que coexistem e se justapõem através de tudo o que nos parece mais banal aceitar como óbvio.

A exuberância, a abundância, a riqueza das práticas sociais proíbem concretamente sua análise clássica por meio da decomposição-redução. Esta é provavelmente uma das razões da reabilitação contemporânea do termo complexidade... (ARDOINO, 1998, p. 25-26).

No número 36 da *Revista Pratique de Formation. Analyses*[1] (1999), do Departamento de Ciências da Educação da Universidade de Paris Vincennes à Saint-Denis, cientistas antropossocias e das Ciências da Educação da França e de outros países europeus são chamados para homenagear Ardoino, tendo como centralidade o interesse em debater a perspectiva *multirreferencial* que elabora. Aqui, a riqueza da devoração é heuristicamente formidável, em face das fecundas entradas que o pensamento educacional e antropossocial de Ardoino permite, por ser em si, polissêmico.

Recentemente, a editora parisiense *Téraèdre* publicou a obra de Christian Verrier com o título *Ardoino: pedagogue au fil du temp*[2] (2010). Trata-se de uma refinada biografia, prefaciada por René Barbier, na qual a centralidade que emerge é a atuação de Ardoino como professor e pesquisador influente em "Paris 8" bem como no contexto educacional europeu.

---

[1] Revista *Práticas de formação. Análises.*

[2] Ardoino: pedagogo no fio do tempo.

[*] As traduções que constam nas notas de rodapé e no corpo dos textos são de responsabilidade dos autores dos capítulos da presente obra.

[*] As referências completas estão disponíveis nos capítulos correspondentes.

Assim, apresentamo-nos neste livro para dialogar de forma provocante, como gosta o nosso autor, com a sua *epistemologia multirreferencial*, no sentido de potencializar e mobilizar essa epistemologia para além do seu contexto original de produção. A elaboração provocada cultiva os contrastes, mas também labor, voz e convocação, sugere-nos Ardoino.

A ideia de trazê-lo para mais um debate forjado nos trópicos, acompanhado do seu mais próximo colega e parceiro de trabalhos, Guy Berger, visa explicitar, por diferentes perspectivas, a sua matriz de pensamento e, ao mesmo tempo, tornar-nos via suas inspirações, alteridades instituintes e questionantes dessa própria matriz. Ou seja, tem como objetivo praticarmos a *multirreferencialidade* como gostaria o próprio autor e sua fascinação pela dialógica e dialética impuras e incompletas da criação.

Colocando a *multirreferencialidade* como um analisador fecundo para explicitar a complexidade das situações, Ardoino (1998, p. 48) argumenta:

> Em contrapartida, poderíamos esperar que o problema da multirreferencialidade fosse posto de forma diferente, no âmbito, agora universitário e científico. Com pesquisas capazes de eleger objetos de investigação, com vistas à produção de conhecimentos novos a partir de um saber preexistente. Lá, onde a maior parte das outras ciências é bem-sucedida em aperfeiçoar, em simplificar os dados da experiência através de "recortes" apropriados para "construir fatos", aqui são sempre práticas, acontecimentos, situações e testemunhos, enleados de representações, de intenções e de ações individuais e coletivas, que constituirão a matéria rica e diversificada à qual o pesquisador especializado, como ator profano, somente poderá incansavelmente se referir. Além disso, por mais importante que possam ser, na sua gênese, os processos de produção de conhecimento, o saber desse modo elaborado deve, assim mesmo, ser reconhecido como distinto e suscetível de ser doravante interrogado nele mesmo e para ele próprio. Em suma, o que se quer

dizer quando se coloca no plural as ciências do homem, da sociedade, ou as ciências da educação? Seus objetos podem, em consequência, ser heurística e proveitosamente observados, descritos, questionados, representados, a partir de perspectivas múltiplas, heterogêneas entre elas... isto seria elaborar o luto da ambição monista que marca, em geral, a ciência e a filosofia ocidentais.

Ardoino é um (in)tenso pensador e formador a partir da heterogeneidade. É parte indestacável da história pluralista e institucionalista da Universidade de Paris Vincennes à Saint--Denis. Uma bifurcação contemporânea das heranças vindas dos provocadores ares libertários de maio de 1968. Essa plural matriz histórica de pensamentos e práticas de possibilidades emancipacionistas, como movimento, é um personagem das lutas libertárias da nossa história recente; não pode, portanto, regenerar-se como farol do mundo, como polícia do mundo, como diretriz de cariz universalista.

A abordagem que acabamos de situar pretende, portanto, dar amplo lugar a uma relatividade com referência às condições de apreensão e de produção do objeto, bem como com referência a diferentes perspectivas de leituras possíveis. Encontra-se aqui o luto da esperança monista da qual falávamos anteriormente. A análise plural reivindica-se igualmente, de forma resoluta, como vertente do realismo. São, portanto, dispositivos que permitem a análise dos objetos. Estes não se encontram, assim, jamais desagregados em favor dos quadros do pensamento. Mesmo admitido fora do alcance imediato supõe-se o real substituindo e resistindo à ação da inteligibilidade. Eis porque esta não parece, do nosso ponto de vista, poder ser assimilada por uma variedade de doutrina eclética. A abordagem multirreferencial não é nem idealista, nem espiritualista, mas realista e relativista, e sua única ambição limita-se a fornecer uma contribuição analítica à inteligibilidade das práticas sociais. Seus verdadeiros fundamentos estão muito mais em procurar na trilha de uma crítica da epistemologia clássica e de um remanejamento do conhecimento que aparece a cada dia um pouco mais necessário...

É aí onde os efeitos de sentido deslancham jogos de significações, intencionalidades, invocando sempre uma fenomenologia, uma hermenêutica, uma axiologia, interrogações éticas, "visões de mundo" e, por conseguinte, dimensões propriamente filosóficas e políticas, que permanecem indissociavelmente ligadas, através dos dados que constituem de fato e das práticas sociais implicadas aos efeitos de força (ARDOINO, 1998, p. 41).

O pensar *multirreferencial* de Ardoino forja uma política de sentido sobre as Ciências da Educação e a formação, que jamais se realizará como uma política de conhecimento por consensos resignados ou conceitos protegidos (MACEDO, 2002).

Referências

ARDOINO, Jacques. Abordagem multirreferencial (plural) das situações educativas e formativas. In: Barbosa, J. *Multirreferencialidade nas ciências e na educação*. São Paulo: Editora da UFSCar, 1998. p. 24-41.

ARDOINO, Jacques; BERGER, Guy. Ciências da educação: analisadores paradoxais das outras ciências? In: Borba S; Rocha, J (Orgs.). *Educação e Pluralidade*. Brasília: Plano, 2003. p. 15-44.

BARBIER, René; BERGER, Guy; COULON, Alain (Orgs.). Le devenir de la multirreferencialité: Homage à Jacques Ardoino. *Pratique de Formation. Analyses*, n° 36, 1999.

VERRIER, Christian. *Ardoino:* pédagogue au fil du temp. Paris: Téraèdre, 2010.

MACEDO, Roberto Sidnei. *Crisallys. Currículo e complexidade*. Salvador: EDUFBA, 2002.

	CAPÍTULO I

A *MULTIRREFERENCIALIDADE* NA UNIVERSIDADE DE PARIS VINCENNES À SAINT-DENIS: O PENSAMENTO E A *PRÁXIS* DE JACQUES ARDOINO

Guy Berger [1]
Tradução de Sérgio Borba

Ser-me-ia impossível falar sobre o percurso de Jacques Ardoino na Universidade de Paris Vincennes à Saint-Denis sem mencionar como o conheci e como se abriu em 1972 um longo caminho intelectual e de amizade que efetuamos em comum. Muitos sabem que, já há 37 anos, Ardoino e eu temos uma longa experiência de trabalho em comum. Tudo começou através de conversas em encontros em torno de um número de revista sobre a epistemologia das Ciências da Educação, numa formação que Ardoino havia organizado na Associação Nacional de Ciências Humanas Aplicadas (ANDSHA), e, em seguida, na coanimação constante, difícil, prazerosa para nós, insuportável para outros, de um Diploma de Estudos Aprofundados (DEA), do qual participamos e, cada um, por sua vez, assumiu a responsabilidade até 1998.

Em 1972 tinha acabado de redigir um longo capítulo de *A interdisciplinaridade: problemas de ensino e pesquisa nas*

---

[1] Professor emérito da Universidade de Paris Vincennes à Saint-Denis

universidades, livro coletivo preparado por uma pesquisa internacional em mais de 150 universidades de 12 países da OCDE e por um colóquio em Nice, do qual participaram, entre outros, o matemático André Lichnerowicz e Jean Piaget. Eu tinha sido particularmente encarregado de propor uma análise de uma pesquisa realizada, que intitulei *O arquipélago interdisciplinar*. Nela, insistia sobre o que chamava de "ingenuidade epistemológica" da interdisciplinaridade, frequentemente assumida por um só autor, em função de seus gostos ou interesses pessoais, resultando, em muitos casos, na criação de novas disciplinas que eu chamava de disciplinas "traço de união", do tipo psicossociologia, bioquímica, geopolítica, mas que exprimiam, sobretudo, o sonho permanente de um saber de todos os saberes ou de um conjunto de conceitos unificadores, apresentados como "transdisciplinares" e para os quais, na época, o estruturalismo oferecia uma perfeita ilustração.

Quando encontrei, pela primeira vez, Jacques Ardoino, a progressista Universidade de Vincennes tinha apenas dois anos, a carreira de Ardoino já estava bem desenvolvida e com uma numerosa produção escrita. Sua formação, simultaneamente, é em Psicologia, Filosofia e Direito. Já tinha publicado um texto reconhecido, refeito e reeditado com o título *Propos actuels sur l'éducation*.[2] Esse livro não se inscreve explicitamente no campo das Ciências da Educação, as quais só se tornariam disciplina universitária em 1967. Até esse momento, sua obra centra-se na psicossociologia dos grupos e da comunicação. A partir de 1973, ao ligar-se ao departamento de Ciências da Educação, teve um papel importante no quadro da Associação de Professores e Pesquisadores em Ciências da Educação (AECSE) e, sobretudo, por meio da criação em 1990 da Associação Francone de Pesquisa em Ciências da Educação (AFIRSE). Seu verdadeiro campo de referência é o do conjunto das Ciências Antropossociais. Em 1983, Ardoino organizou, no quadro da

---

[2] *Propostas atuais sobre a educação.*

AECSE, um importante colóquio sobre o lugar das Ciências da Educação nas Ciências Antropossociais.

Com relação à *multirreferencialidade*, Jacques Ardoino já escreveu muita coisa e continua propondo novas. Seria descabido pensar que de outra forma explicito, exponho, analiso o que ele pensa, igual ou melhor do que ele. O projeto que me impliquei, diria "fora dele", "contra ele", assumindo o risco da traição, é interrogar a noção de *multirreferencialidade* de um ponto de vista que não é forçosamente o de Ardoino, mas tentando, ao mesmo tempo, compreendê-lo.

A questão da *multirreferencialidade* é um dos campos teóricos ao qual ele frequentemente retornou e que, aliás, tornou-se, nos dias atuais, uma das teorias das Ciências da Educação, ora admitida, ora detestada; às vezes aceita e ao mesmo tempo rejeitada por certo número de colegas. Diria, num primeiro momento, que em torno da questão da *multirreferencialidade*, introduz-se uma grande ambiguidade; um profundo contrassenso que está ligado também aos interesses de Jacques Ardoino pelo que ele chama de Ciências da Educação e o que podemos chamar de a epistemologia das Ciências da Educação. Com isso quero dizer que a noção de *multirreferencialidade* não nasceu de uma reflexão sobre as Ciências da Educação apenas, mas, também, de uma reflexão sobre a educação e sobre o conjunto de práticas e de intervenções de Ardoino nas organizações educacionais.

Jacques Ardoino começa como professor e em seguida exerce uma atividade de psicossociólogo de grupos. Adota inicialmente uma abordagem que poderíamos chamar de constitucionalista, interessando-se pela caracterologia, desenvolvida na França por Le Senne; são categorias relativamente fechadas e invariantes e nesse campo Ardoino publica diversos ensaios críticos sobre a metodologia dos testes. É, sem dúvida, uma longa análise epistemológica e didática que, acrescentando-se a uma leitura atentiva de Bergson, o conduzirá a privilegiar a temporalidade-duração da qual ele não se afastará mais e que o sensibilizará nos âmbitos do "vivo" e depois do "vivido", termos que ele toma de Jeanne Barus-Michel.

Em 1973 Jacques Ardoino torna-se mestre de conferências em Ciências da Educação e é designado para um cargo na recém-criada Formação Permanente da Universidade de Paris Vincennes à Saint-Denis. Não está num departamento disciplinar. Nesse momento, Jacques Ardoino já realizou e divulgou grande parte de seus trabalhos – neles a maior parte dos conceitos e noções que continuará a aprofundar já estão presentes. No que me diz respeito, tinha lido, com certa surpresa, pois nessa leitura encontravam-se colocadas em questão minhas convicções e sobretudo meus "hábitos" de professor do ensino secundário em filosofia, a primeira versão do *Propos actuels de l'éducation* (1967). Jacques Ardoino é, para mim, como para a maior parte de nossos colegas, um formador e não só um epistemólogo das Ciências da Educação.

O mundo do trabalho, das práticas do trabalho social tanto como o da saúde, para ele, são tão ou mais importantes quanto o da escola. Seus conceitos, inicialmente, não se inscrevem em uma reflexão sobre um campo disciplinar, em uma reflexão sobre a ciência enquanto ligada na nossa história coletiva, à noção de disciplina; mas, sim, enquanto ciência bem mais voltada à noção de prática. Em Ardoino, a prática, não cansamos de repeti-lo, marca profundamente a noção de *multirreferencialidade*. Jacques Ardoino é um homem da prática e isso em múltiplos sentidos e aspectos. Essa prática, à qual ele se dá intensivamente, ele a analisará mais tarde como sua forma de responder a uma carência que se inscreve na sua infância e adolescência. Jacques é um homem do fazer, exerce a arte do fazer, no sentido construído por De Certeau. Quando entra no departamento de Ciências da Educação de Paris 8, Ardoino é alguém que é visto como profundamente pragmático. Esse pragmatismo situa-se, ao menos, em três níveis. O primeiro é o da verificação prática. Nesse sentido, e é muito interessante quando queremos falar das relações que Ardoino pode ter com a cientificidade, ele tem a preocupação e a compreensão da "prova", da "prova" prática. Nos seus primeiros textos, através de suas intervenções na formação, em particular dos quadros dos trabalhadores sociais e os do campo da saúde, ele retoma constantemente a referência aos processos de verificação. Mas dizer que isso foi "verificado" quer dizer, para ele, que isso pôde ser colocado em prática, em jogo e que pôde, efetivamente, ser realizado. Aí se encontram, sem dúvida, as matrizes de importantes trabalhos que Ardoino realizará muito mais tarde sobre a epistemologia da prova e do testemunho; trabalhos retomados recentemente por ele, em uma série de entrevistas em um livro a ser publicado em breve. Quando Ardoino critica o modelo hipotético-dedutivo, não se trata de recusar a racionalidade, mas sim de opor-se a um modelo de racionalidade racionalizante, que consiste quase sempre em reintegrar, em rearticular o novo ao antigo, o não conhecido ao conhecido, em uma espécie de integração a um conjunto de conhecimentos já constituídos que nega, de fato, a possibilidade de uma criação, uma outra forma de pensar a razão.

René Barbier lembrava-nos que Jacques Ardoino se recusava a ler mapas geográficos ao preparar qualquer viagem. Jacques Ardoino nunca procede do conhecido ao desconhecido. Ele deixa-se invadir pelo desconhecido e o reflete em seguida. Não temos aí um processo de "sedimentação" pela construção de posicionamentos de base aos quais acrescentaríamos novos conhecimentos através de deduções e de verificações. Trata-se, finalmente, e isso pode parecer paradoxal, de introduzir no trabalho da razão a função da surpresa, a função do imprevisto, a qual nos reenvia ao lugar central em Ardoino, o da noção de criação, ela própria religada ao conceito dele de . É muito mais em consequência de um processo reflexivo sobre as práticas positivas que se constitui o trabalho do conhecimento e da "prova". Creio que nisso há alguma coisa de fundamental para compreendermos a posição, muito particular, que Ardoino pode ter no debate sobre a cientificidade das Ciências da Educação, o debate epistemológico em geral e, talvez, certo número de incompreensões, diria necessárias, quando se trata de confrontar essa posição às posições clássicas do pensamento epistemológico.

Do ponto de vista prático, *a multirreferencialidade* é, primeiro de tudo, o fato de a heterogeneidade radical aparecer em toda a situação, em toda emergência do ator, quer seja em uma situação escolar onde as perspectivas do aluno, dos professores, da instituição educativa, dos familiares não poderiam tornar-se homogêneas, quer seja em uma situação de formação onde formado, formador e demandante da formação devem confrontar suas perspectivas.

Os diferentes níveis cuja articulação Ardoino descreve no livro *Education et politique* (1977)[3] nos reenviam a essa abordagem pragmática da *multirreferencialidade*, pois esses níveis estão sempre, necessariamente, presentes, alterando-se mutuamente sem que jamais um nível possa invalidar um outro nem substituí-lo.

Considero, também, que a importância que Ardoino dá sistematicamente à análise da linguagem, o gosto às vezes quase maníaco que ele manifesta pela etimologia, deve-se ao fato de que ele considera que a linguagem condensa todos os usos que se fazem dela, que as acepções, as mais primitivas e as mais longínquas, não cessam de trabalhar o sentido do que dizemos ou escrevemos, que há em permanente alteração mútua, no entanto jamais uma acepção desaparece definitivamente em proveito de uma outra. Há "condensação" e não simples superposição. Invertendo a fórmula de Lacan, podemos dizer que a linguagem funciona como um inconsciente.

O segundo elemento desse pragmatismo está ligado profundamente à noção de autorização. Isso é fundamental. Significa que o que caracteriza a prática é que ela é sempre uma consequência de certas determinações, que há nela permanentemente um "já lá", mas que o essencial é que toda prática é sempre um começar. Em função dessa ideia

---

[3] *Educação e política.*

do ator que se torna autor, nenhuma prática é deduzida, nenhuma prática pode ser apreendida, seja por uma análise das necessidades tratando-se de ações de formação, seja por um diagnóstico quando se trata de intervenção terapêutica; ela é sempre da ordem do projeto, do início radical, mas de um início radical que é, ao mesmo tempo, reconhecimento desse "já lá". E é em torno dessa dupla assunção que há uma recusa de ser si-próprio, si-unicamente, seu autor. Isso conduziria à psicose. É, portanto, em torno dessa capacidade de ser criador e ao mesmo tempo de reconhecer um "já lá", mas de não entender sua criação unicamente desse "já lá", que pode ser definido o que Jacques Ardoino compreende por "maturidade". Ardoino quer-se eternamente jovem, permanentemente um vir-a-ser, pois o envelhecimento é o triunfo, é a onipotência do "já lá".

Enfim, em relação direta com a noção de *autorização*, a prática de Ardoino é sempre práxis, quer dizer: ela é uma prática que não é a ação de um sujeito transformando o mundo, mas a ação de um sujeito transformando-se no processo de transformar o mundo, e nisso Jacques é também da sua época, marcado pelo pensamento de Sartre, pelo marxismo e pelas provocações pós-modernas. A noção de práxis permite introduzir duas outras problemáticas, que são, juntas, a questão do sujeito, porque o sujeito se faz fazendo-se, transforma-se agindo sobre o mundo, e do político, pois agir sobre o mundo é fazer política. O político, por definição, é práxis.

Dizendo de outra forma, há pragmatismo em Ardoino, e isso no sentido de um reconhecimento de uma recusa da denegação, no psicótico, do real; da preocupação, de fato, de levar em conta que, talvez, aos olhos de alguns "pós-68", Jacques Ardoino poderia aparecer como alguém "a-político", ou seja, não se engajando em grandes ações de transformação, mas, ao contrário, inscrevendo-se nas práticas existentes. Porém, esse pragmatismo, que é uma sabedoria, inscreve-se em um duplo processo: por uma parte, o da *autorização* de um sujeito coautor de si mesmo e por outra parte o da práxis no sentido político.

Essa rápida apresentação tem por objetivo mostrar que em Jacques Ardoino há sempre processo de teorização e jamais processo dedutivo a partir de certo número de postulados abstratos.

Jacques Ardoino é, entretanto, no sentido mais amplo do termo, um teorizador. Ardoino corresponde plenamente à definição que faz Gilles Deleuze (DELEUZE; GUATARRI, 1991) da filosofia, ou seja, "a arte de formar, de inventar, de fabricar conceitos" (certamente Jacques Ardoino rejeitaria o termo "fabricação"). A insistência, cada vez maior, sobre a pluralidade dos paradigmas e das epistemologias pode criar ilusão, no entanto jamais essa pluralidade é deduzida, formalizada, ela é primeiro vivida, às vezes brutalmente encontrada, e é nesse sentido que, para Jacques Ardoino, o verdadeiro plural só existe na heterogeneidade. A heterogeneidade reenvia sempre a alguma coisa da ordem do vivido e da irredutibilidade da temporalidade, do existencial.

Creio que isso introduz alguma coisa de importante para compreender o que Jacques Ardoino entende por *multirreferencialidade*. Contrariamente ao modo como essa noção é julgada pela maior parte dos nossos parceiros, dos nossos colegas das Ciências da Educação, a *multirreferencialidade* de Jacques Ardoino não tem nada a ver com a noção de pluridisciplinaridade. Creio que há aí algo fundamental. A *multirreferencialidade* não se enriquece em um debate sobre a pluridisciplinaridade. Nisso há ambiguidade porque, por um lado, sabe-se que as Ciências da Educação são plurais, no sentido de que elas mobilizam campos de conhecimento, campos de disciplinas que vão da economia à psicologia social, passando pela sociologia, pela antropologia, etc., mas, por outro, nos processos que são os nossos, e que são os deles, somos convocados a mobilizar diferentes campos disciplinares. Mas a disciplina é, sobretudo, um instituído, tanto mais formal que é em nome da disciplina que, na maior parte das universidades, fazem-se as atribuições de espaços, de postos, de recursos. A *multirreferencialidade* problematiza, de alguma forma, o poder instituinte das disciplinas, ela não os nega.

Colocaria a *multirreferencialidade* muito mais em relação com duas *démarches,* formas de agir, que são fundamentais em Jacques Ardoino. Por um lado, seu trabalho sobre a linguagem, já aqui evocado, articulando o que, também, pode parecer a alguns como alguma coisa tradicional. A linguagem, para Ardoino, é tomada como um tipo de condensador sociocultural no qual se inscrevem sucessivamente traços que são irrefutáveis e irredutíveis e que vão, em seguida, funcionar não importa o que se faça. Existe uma relação muito profunda entre essa ideia de troca de sentido, de condensação, de presença permanente de todos os eventos, de todos os elementos históricos que constituem a forma de agir, o processo. Ao mesmo tempo, articulam-se entre eles, e, em certos casos, fundem-se. Penso que é no espaço desse agir que se faz a perlaboração, que se inscreve a *multirreferencialidade.*

A *multirreferencialidade*, em consequência, não é a mobilização de certo número de campos de conhecimentos, de campos de competências que, num momento dado, seriam mobilizados, de forma encantatória, no auxílio da análise de uma situação plural e heterogênea, termos caros a Jacques Ardoino. Ela está muito mais longe, e seria em vão aproximá-la de formas como a pluri, a multi, a interdisciplinaridade e mais ainda a transdisciplinaridade. Ele jamais solicitaria a um jovem pesquisador, em trabalho de tese, ser ao mesmo tempo psicólogo e sociólogo, etnólogo e economista, mas, segundo uma bela fórmula de Ardoino, seria-lhe solicitada a manifestação de uma certa poliglossia, condição de acesso à perspectiva do outro. Falar sua língua não implica, bem ao contrário, o interdito da língua do outro. A *multirreferencialidade* está no processo do pensamento, na mobilização do pensamento fazendo-se. E, nesse sentido, as críticas que nos são endereçadas, e que consistem em dizer que é talvez uma teoria interessante, mas que torna impossível a pesquisa, porque uma pesquisa não poderia se constituir senão a partir de um campo rigoroso de conhecimentos ordenados, situados e construídos, parecem-me não pertinentes, na medida em que essa *multirreferencialidade* não é um tipo de agrupamento, *a priori*, de determinado número de competências estruturadas, ela está muito mais no movimento da pesquisa. A *multirreferencialidade* não é uma espécie de encantamento ao qual recorremos antes de começar o estudo de um campo, qualquer que ele seja.

É o estudo desse campo, a análise das situações, a mobilização de uma paixão da razão que determinam uma exigência de saber, imperiosa, desde que duas condições sejam preenchidas. Primeiro, que essa exigência de saber seja sempre inacabada, sempre insatisfeita, e, aqui, reencontremos esse diálogo entre a falta e a perda; e segundo, que na resposta a essa falta, é necessário saber, mas não saber tudo, quer dizer na reparação da falta, haja a aceitação da falta e não a sua negação. Se um vazio (uma ignorância parcial, uma informação distorcida) pode ser preenchido, a falta não será jamais preenchida, mesmo sendo, como o desejo, a matriz mesma de todo trabalho intelectual. A "natureza" do saber nunca resulta em um domínio do saber, ou seja, um saber do qual disporíamos como totalidade das significações, do qual conheceríamos todos os meandros e os resultados; mas, em certo sentido, o saber, ele próprio, compreende a falta, dessa vez não a falta de conhecimentos, mas a falta de consciência. Compreende, também, o inconsciente, a pulsão, as significações presentes ou em perspectiva, e, em consequência, o que jamais possuímos. O que nos reenvia bem a esse processo de verificação prática que valida tal ou tal proposição, mas que o valida de uma forma que não é jamais definitiva, pois outras práticas o colocarão em questão. Finalmente, é por um tipo de relação, por uma forma de aplicação, que a *multirreferencialidade* é colocada como noção, conceito, permitindo a compreensão epistemológica dessas ciências muito particulares que são as Ciências da Educação. Repitamo-lo, ainda, a *multirreferencialidade* não nasce de uma reflexão epistemológica insular, mas de todo um movimento do pensamento. Creio que isso permite a compreensão de conceitos importantes, como os de ambivalência, de temporalidade, de complexidade, de historicidade presentes desde os primeiros textos de Ardoino e, em particular, desde a primeira edição da obra *Propos actuels sur l'éducation* em 1977. Essa constância poderia dar a impressão de um pensamento eivado de conforto, de solidificação, de agrupamento e de repetição. Há repetição em Jacques e ainda no seu desejo de ter razão; mas ao mesmo tempo, nele, há um pensamento que evolui sem cessar através de todo esse processo de reflexividade que tentei caracterizar com relação à surpresa. Se quisermos apreender essa forma de pensar, é necessário interessar-se pelo fato de que Jacques Ardoino, ao ligar estreitamente as temáticas da *multirreferencialidade* e da complexidade, aproxima-se de um movimento que há algum tempo ainda não tinha nome, que é o construcionismo, apesar de Ardoino não ser um construcionista *stricto sensu*, devido à metáfora que essa noção implica, pois uma construção só poderia realizar-se no espaço, caracterizada por fundações sobre as quais colocaríamos sucessivamente certo número de "tijolos", o que é perfeitamente representado pela concepção piagetiana da construção da inteligência. A ideia de construcionismo em Jacques Ardoino responde a três coisas essenciais: sua concepção do mundo, sua história pessoal e a questão epistemológica. Há, nisso, ao mesmo tempo, uma diferença profunda e uma semelhança entre o construcionismo de Ardoino e o que poderíamos chamar de certo "idealismo" a partir de certos ângulos: a desconfiança com relação ao corpo, a desconfiança com relação ao espaço, a desconfiança com relação à natureza. Através do corpo, natureza ou semente, alguma coisa da ordem do dado, do "já lá", é proposta. Ora, trata-se de mostrar que nada é dado, pois esse dado, esse "já lá", vai se tornar o que nós vamos fazer pelas nossas práticas intelectuais e formadoras.

Em segundo lugar, não há constructo acabado, completo, aqui também afastamo-nos profundamente dos dois processos que são essenciais ao construtivismo, por exemplo, seja a definição piagetiana da inteligência, seja o modelo sistemista, que surge como um constructo pronto, acabado, que permite, após os fatos ocorridos, a rearticulação de todos os fatores, todos os determinantes de uma situação.

No entanto, e em terceiro lugar, é nesse sentido que Ardoino não é um filósofo idealista, nele não há estruturas. Ou seja, não há quadro chave do pensamento, *a priori*, que permitiria pensar o mundo. O que faz com que, no pensamento idealista, exista, simultaneamente, a ideia de uma construção da ciência e um tipo de eternidade das estruturas de conhecimento, que faz o conhecimento ser tomado em um duplo movimento: o da sua permanente revalidação de categorias, de modelos, de conhecimentos uma vez por todas verdadeiros e o da construção de novos objetos, de novas aplicações, de novas formas de relação. É apaixonante, por exemplo, que na história das ciências, o que interessa a Jacques Ardoino é o momento das mudanças de paradigma, não é de forma nenhuma o momento das construções a partir dos paradigmas.

Há toda uma discussão a fazer sobre o sentido epistemológico do trabalho de Jacques Ardoino e o que eu gostaria de retomar, para terminar, é o que me parece, talvez, resumir ou exprimir o essencial, que se afasta do construtivismo, a dupla ideia de *autorização* e política. Em cada um desses campos, e isso me parece fundamental, é a afirmação paradoxal, para muitos dentre nós, que não há "pré-requisitos", que não há exigências definidas de antemão, que não há conhecimentos que seriam necessários a novos conhecimentos, o que é importante, aliás, na formulação do que seja uma formação permanente; o ato de saber não é reinscrição, e a *multirreferencialidade*, em consequência, está muito mais na rearticulação, não de campos disciplinares diferentes, mas de um trabalho sobre o saber, sobre a construção de si e sobre a construção do mundo e do social-político. A *multirreferencialidade* de Jacques Ardoino não é uma teoria particular da epistemologia plural, mas, sim, uma *epistemologia do heterogêneo*, isto é, da rearticulação de campos que, normalmente, são totalmente separados, e que toda a sua obra reúne sem jamais, entretanto, uni-los. Nesse sentido, a *multirreferencialidade* reenvia-nos, também, à uma dimensão trágica, a do luto definitivo da totalidade e da unidade.

Referências

ARDOINO, Jacques. *Education et Politique*. Paris: Gauthiers Villars, 1977.

ARDOINO, Jacques. *Propos Actuels sur l´Éducation: contribuition a l´éducation des adultes*. Paris: Gauthiers-Villars Collections Hommes et Organizations, 1978.

DELEUZE, Gilles; GUATARRI, Felix. *Qu'est-ce que la philosophie*. Paris: Editions de Minuit, 1991.

| CAPÍTULO II

MULTIRREFERENCIALIDADE: O PENSAR DE JACQUES ARDOINO EM PERSPECTIVA E A PROBLEMÁTICA DA FORMAÇÃO

Roberto Sidnei Macedo

FORMACCE FACED/UFBA

Elegendo um aporte singularista e questionador como elemento fundante do seu argumento, o enfoque epistemológico *multirreferencial* não cria, através do entrecruzamento dos olhares, uma zona mista, espécie de interseção de muitos campos disciplinares. Constitui sobretudo a invenção temporal, contínua, de um questionamento mútuo de cada referência, de cada um dos campos dos saberes, convocados pelos outros.

A perspectiva *multirreferencial* se consubstancia numa epistemologia da formação como saber-fazer, maneira de ser, pautada no trabalho com as verdades contidas, crítica a uma abordagem epistemológica purista e pretensamente a-temporal. Nesse caminhar, vai ao encontro da complexidade moriniana que nos fala de uma coerência que se quer pura, e que se torna, portanto, delírio.

Ademais, na perspectiva *multirreferencial* não se pretende dissolver as especificidades epistemológicas nos processos de formação. O pensar *multirreferencial* não desconhece o específico e a necessidade de distinguir para compreender. Sua crítica caminha no sentido de questionar as perspectivas monológicas como noções insulares.

O pensamento *multirreferencial* sabe que não basta afirmar a pluralidade, a heterogeneidade, dado que cultiva no seu seio uma proposta ética e política, a partir da necessidade de posicionar-se ante as consequências sociais da hiperdisciplinarização e da ultraespecialização. Assim como, ao articular com o contraditório, o ambivalente e as incompletudes, pretende exercer um esforço para explicitá-los até para justificar o próprio movimento que os criou.

Dessa forma, devemos falar em articulações questionantes, em relações questionantes, ao buscarmos a pertinência e a relevância na *multirreferencialidade*, sempre aberta a outras referências, sempre cultivada na criticidade não arrogante, numa paz de baixa intensidade. Daí a necessidade da *multirreferencialidade* ampliar suas possibilidades com as pautas da vida cotidiana, com as pautas das necessidades humanas concretas e as problemáticas vivas da sociedade, o "vivido" em Jacques Ardoino. Diria que a *multirreferenciali-dade* é uma epistemologia mundana, impura. Nesses termos, também, sua crítica não é apenas um pensamento, é ato. Ato assinado como quer Bakhtin.

É aqui que essa perspectiva epistemológica fala e propõe uma formação que ultrapasse a redução à disciplinarização, aos modelos técnicos e academicistas. A disciplina, mesmo criticamente ressignificada, passa a ser mais uma das referências importantes para tratarmos com as situações e sua inerente pluralidade, e não a única referência. Nesses termos, viverá uma humildade necessária e convocada em relação aos saberes outros. Em vez de se considerar a última fronteira da verdade, ou mais delirante ainda, a própria verdade, irá se satisfazer com a condição de um olhar singular que se tornou histórica e socialmente importante. Talvez agora denominada de um tema, uma tematização, convocada para se tornar pauta. Nesse movimento se disponibilizará a uma tensão intercrítica, como reconhecimento de que não se faz conhecimento social e culturalmente relevante alijando-se saberes outros.

Assim, o pensamento *multirreferencial* está longe da ideia de ecletismo sem face. Ao desejar conjugar, articular, hibridizar, não quer dissolver as especificidades; o que o mobiliza é a possibilidade da radical pluralização face às maneiras de perspectivar realidades antropossociais. Nesses termos, o fundante da sua emergência é a crítica epistemológica aos excessos iluministas, às epistemologias explosivas, aos epistemicídios, às barbáries das perspectivas monológicas. Esses são "instrumentos" epistemológicos inelimináveis do *éthos* e da ética *multirreferenciais*.

O que o mobiliza é a busca incessante do conhecimento que vive a falta e que se faz relevante, porque se faz a partir da plural emergência das maneiras humanas de conhecer e criar soluções para suas comuns, mas, ao mesmo tempo, diversas problemáticas de vida.

Compreendemos, um tanto quanto perplexos, que nós, educadores, não devemos mais procurar no que é heterogêneo e movente algo do âmbito da estabilidade, do acabado. Esse conforto curricular e didático-pedagógico perdeu o fôlego e não mais responde ao contemporâneo e seus desafios formativos.

Dizia Anísio Teixeira que, se tivéssemos tido no século XVI um McLuhan, talvez não nos iludíssemos com a época das certezas lineares e unidimensionais com que nos aturdiu o século XIX e chegássemos preparados para a época das incertezas multidimensionais do nosso tempo. Esta é uma das afirmações de afinada pertinência histórica elaboradas por Anísio Teixeira e projeta em muito a problemática da contemporaneidade em termos epistemológicos e formativos.

Em outro contexto, Jacques Ardoino quer atribuir às referências, como produções culturais constituídas nos processos de diferenciação, um *status* legítimo enquanto inteligibilidades não encapsuladas na rigidez prescritiva das lógicas conjuntistas-identitárias. É assim que, para Ardoino, consenso, realização, descontinuidade, heterogeneidade, turbulências de escalas e conflito fazem parte de um mesmo processo.

Nos seus recentes diálogos com Edgar Morin, no número 39 da revista *Pratique de Formation. Analyses* (2000), Ardoino vai demonstrar o quanto a noção de *multirreferencialidade* está contida de forma pertinente na inteligência da complexidade, bem como se vê como os dois pensadores da complexidade antropossocial concordam sobre o potencial edificador desta noção como uma perspectiva epistemológica e política significativa para o campo da relação com a pluralidade dos saberes e das formações. Aliás, Morin é convencido neste diálogo de que a noção de *multirreferencialidade* em Ardoino é muito mais pertinente para um olhar complexo da realidade, do que a noção que cultiva: a de *multidimensionalidade.*

> Desde que você introduziu o conceito de multirreferencialidade, penso que ele é não redutível ao de multidimensionalidade. É uma ideia forte contida justamente no que eu já escrevera no último volume Do Método, a propósito do círculo epistemológico, este seria justamente a multirreferencialidade.

Para Ardoino e Berger (2003, p. 36), a ambição de uma Ciência da Educação parece ter-se tornado acanhada, mesmo se periodicamente ela retorna à maneira de um fantasma. Para esse pensador da *multirreferencialidade*, a inteligibilidade das práticas educativas complexas, porque emaranhadas mais que estratificadas, tanto sobredeterminadas pelo projeto de sociedade que as funda quanto pelas expectativas praxiológicas que as modulam, supõe de fato uma pluralidade de olhares e de perspectivas. Esse plural será facilmente percebido como antinômico aos ideais de transparência, de pureza, de simplificação analítica, geralmente emprestado às disciplinas mais bem estabelecidas pelos recortes que as constituem. Assim, dessa impureza, ligada tanto à multiplicidade quanto à heterogeneidade das óticas que pretendem dar conta dela, vai decorrer o aspecto da *bricolage*, do tateio, da aproximação, quando não da "tarefa impossível" que caracteriza as representações das práticas.

Para nós, do lugar do trabalho com as teorias, políticas e práticas curriculares e formativas, a *multirreferencialidade* deve ser, sem dúvida, intercrítica.

É assim que o olhar multirreferencial trabalha na perspectiva de que todo saber, toda teoria, todo sistema é biodegradável como somos biodegradáveis. De que a experiência do inacabamento e da ambivalência é inerente a qualquer experiência com o saber. Nesse veio, a *negatricidade* como condição para a *alteridade* e para a *alteração* arquiteta a possibilidade da experiência única como experiência de formação, enquanto "formação-com" e autoformação.

É dessa forma que a perspectiva educacional que tem a *multirreferencialidade* como um dos seus nortes, traz à cultura, enquanto uma negociação de valores e símbolos, uma negociação de diferenças, uma luta por significados sobre o mundo, como imaginam os teóricos dos Estudos Culturais.

Da nossa perspectiva, entendemos que trabalhar os saberes como referências constituídas na dialógica da diferenciação, na referencialização/desreferencialização, sem nenhuma pretensão unificante – sem que isso nos deixe fora da necessidade de elaborarmos sínteses moventes –, permite-nos pleitear de forma muito mais fecunda a intercriticidade nos âmbitos dos atos de currículo. Até porque, sempre dentro da perspectiva educativa, muito importante é a compreensão política do outro. Acrescentamos, a propósito, que a complexidade antropossocial é *multirreferencial* porque é heterogênea. Para Jacques Ardoino, por exemplo, o cerne da *multirreferencialidade* está no trabalho com a linguagem. Vale salientar que, levando em conta a violência do processo interpretativo e as possibilidades sempre presentes de um assimilacionismo pelo ato de compreensão do outro, Christoph Wulf (2003) vislumbra a pertinência de se construir um diálogo desarmado no que concerne à vontade de compreender/acolher o outro, ou seja, de certa prática de não-compreensão do outro e de si, para se conviver numa incerteza menos violenta com o estranho. A *multirreferencialidade* trabalha com a crítica como um esforço e um direito de todos às condições para bem interpretar os seus mundos de relações, lidando de forma elucidativa com a circulação dos poderes que aí se dinamizam. Trata-se da vontade de compreensão do outro, enquanto escuta sensível deste, de elucidação das situações e práticas, sem que isso signifique trazer toda a luz.

Ademais, articular saberes de forma relacional quer dizer trabalharmos com o inelimitável componente ideológico do poder. Nesses termos, a educação não deve eliminar a formação para criticidade. É assim, por exemplo, que Bakhtin, de forma elucidativa, vem nos dizer que o domínio ideológico coincide com o domínio dos signos, que signo e ideologia são mutuamente correspondentes. Portanto, onde o signo se encontra, encontra-se também o ideológico. *"Tudo que é ideológico possui um valor semiótico"*, esclarece Bakhtin (1992, p. 32).

Devemos reconhecer que a escola ainda hoje exerce o seu arcaísmo, o seu jogo desigual e sua marca autoritária pelas vias dos regimes seriados de ensino, dos conteúdos hierarquizados e homogeneizadores, que buscam generalizar, unificar e despersonalizar quem ensina e quem aprende (MANTOAN, 2002). Fazendo uma leitura de como a contemporaneidade desafia a programática feudal da lógica moderna em termos de formação, Mantoan inspira-se em Shafic Abur-Thair, líder das novas vozes africanas, para nos dizer que "somos o mesmo, mas não os mesmos".

Significativa também é a afirmação dos limites dos processos de totalização em face da necessidade de articular, relacionar, interconectar, conjugar, hibridizar. Quando Adorno afirmou que *"a totalidade é a não verdade"*, afirmou também a nossa insuficiência e a nossa angústia de insuficiência no processo de conhecimento da realidade. Afirmou o inelimitável "ainda não".

É neste sentido que a inteligibilidade relacional não pode ser reduzida a um mero exercício epistemológico, deve-se constituir num projeto de formação humana e numa visão irrestrita das suas possibilidades enquanto re-invenção constante dos seres pelas vias das suas relações e processos de diferenciação. Nesses termos, epistemologia social e política fazem parte do âmago do argumento *multirreferencial*.

O olhar *clínico* e a *multirreferencialidade*

Em entrevista à revista *Le Corps* com o título "La démarche clinique: identité et théorie du sujet",[1] Jacques Ardoino (1993) é provocado no sentido de se posicionar e explicitar como compreende o olhar clínico como um modo de se abordar, perceber e compreender a emergência das realidades antropossociais. De partida, fala-nos, citando Herbert Marcuse, como a metamorfose tecnocrática, autoritária e reducionista vai coisificar a subjetividade, a identidade do sujeito enquanto autor, transformando-o em agente, ou seja, um executor de programas preestabelecidos. Nesse veio, afirma sua partida questionante, elegendo o aporte histórico, hermenêutico, antropossocial e clínico como perspectivas que evitam a coisificação referida.

No que concerne à abordagem *clínica*, Ardoino argumenta que essa abordagem pode se definir como a tomada em ato num determinado contexto de uma teoria do sujeito. Ressalta a necessidade dos sujeitos humanos de conquistar por eles mesmos a capacidade de se autorizar, de se fazer autor de si próprio, no sentido de se reconhecer na origem do seu devir, implicando, sem antinomias, a ligação social, a interdependência, a relação comunitariamente mediada. É assim que nosso autor nos diz que nós não somos sozinhos nosso próprio autor. Temos todos parentes genéticos, somos dependentes de gerações anteriores, de heranças, de outros pares e ímpares, e que não podemos ser indiferentes às *alterações* que eles nos produziram e produzem.

Para Ardoino, a *clínica* significa sempre referência ao contexto, às implicações recíprocas dos protagonistas em

---

[1] Revista *O Corpo. A abordagem clínica: identidade e teoria do sujeito.*

situação. É assim que uma *identidade clínica* não pode ser abordada via uma lógica conjuntista-identitária, segundo Ardoino, totalmente ex-temporalizada, ou seja, fora do tempo, uma noção lógico-matemática da identidade. Nesse veio, uma *identidade clínica* passa necessariamente pelo dialógico e pelo dialético, pela gênese contraditória de experiências temporais, de raízes históricas. Ademais, no registro *clínico* não se tem a expectativa de tornar nada transparente, o *clínico* é, acima de tudo, um ato movente de compreensão (dizer com) de sujeitos e não de ex-plicação (dizer de fora). No registro *clínico*, na sua singularidade em situação, o sujeito é convidado a se trabalhar e se trabalha. Na *clínica*, a escuta do outro significa também a escuta deste outro em mim (um movimento da "escuta sensível" em Barbier). Eu também me escuto. Dá-se aqui não só a emergência do observador, mas também do observador que se observa. A questão da *implicação* de quem observa e escuta torna-se fundamental quando pensamos como o outro pode conquistar sua *autorização*, ou seja, ser coautor de si próprio. Portanto, para Ardoino, uma postura *clínica* é, acima de tudo, uma postura ética. Assim, a *clínica* deve ser pensada como epistemologia, como escuta do outro, de mim próprio, como inteligência da complexidade, da temporalidade, da opacidade e da contradição.

A *multirreferencialidade* e as ciências da educação

Na especificidade do pensamento de Ardoino está sua dedicação à epistemologia das Ciências da Educação. Para Ardoino e Berger (2003), o modelo canônico da cientificidade, as noções de objeto, campo e métodos e as relações que as ligam, são representadas, acima de tudo, de maneira linear e pretensamente estável. A atividade do sujeito, quando reconhecida, coloca-se inteiramente do lado dos métodos que definem, essencialmente, a cientificidade. Assim, o objeto é representado como ligado à ordem da realidade, previamente a toda abordagem científica que tem por objetivo, sobretudo, limpar suas impurezas ou desembaraçar o caminho que a ela conduz e tudo aquilo que poderia dificultar sua apreensão. A abordagem científica é uma ascese, condição de descoberta, quando não de desvelamento (*a-lethéia*), e o objeto, precedendo o conhecimento que dele se faz, permanece exterior a este. Assim, o objetivo é reencontrar a transparência ideal desse objeto por sua decomposição (análise), por sua redução a elementos cada vez mais simples, senão mesmo mais puros, em benefício de um esclarecimento apropriado. Nesse estágio, a complexidade, considerada em seu sentido original, não seria senão um "resto", um resíduo provisório, uma expectativa a ser enfim elucidada (Ardoino; Berger, 2003, p. 17).

Dessa forma, limpo de suas impurezas ou desembaraçado de todos os resíduos inúteis, o objeto pode ser representado como desconstruído, depois reconstruído. Através da mesma abordagem, ele é assim liberado daquilo que o tornava impuro e deverá ser reconstruído para alcançar o estatuto de objeto científico, assim como o sábio se liberta de sua subjetividade e de sua particularidade (*implicação*) para se tornar sujeito epistêmico universal. A partir daí, na ordem dos métodos, a experimentação recebe um estatuto superior ao da observação, pois ela poderá melhor garantir a qualidade de tal construção, e no mesmo processo sua transparência seria obtida ou reencontrada. No enfoque canônico, campo e objeto são cronologicamente (porque o são logicamente) anteriores aos métodos que buscam organizá-los. Dizem-nos Ardoino e Berger que, dessa perspectiva, o campo unifica e une os objetos a partir de características que os tornam homogêneos, e não é outra coisa, fundamentalmente, senão uma coleção de elementos mais ou menos idênticos ou análogos.

Por outro lado, na medida em que as sociologias do cotidiano (Garfinkel, De Certeau, Maffesoli) elegem o senso comum como fundante de saberes socialmente elaborados, para todos os fins práticos (Garfinkel), ele não pode ser completamente invalidado. Até porque portam descritibilidades, inteligibilidades e analisibilidades ao construir, para todos os fins práticos, as ordens sociais.

Acrescente-se a esta abordagem uma praxiologia que torna a dar à ciência sua vocação de qualificar as práticas sociais. É assim que Ardoino e Berger nos dizem que, com as práticas sociais, o conhecimento, enquanto abordagem reflexiva, toma a dianteira sobre o objeto. *"O conhecimento remete à qualidade de um olhar"*. É aqui que a compreensão coloca o conhecimento em questão (ARDOINO; BERGER, 2003, p. 28).

Nesse veio, as ciências humanas descobrem, através da riqueza das práticas e das situações, as noções de complexidade e multidimensionalidade e, dessa forma, as Ciências da Educação não podem ser pensadas separadamente das Ciências do Homem e da sociedade, das quais elas formam um subconjunto, um domínio pertinente a um campo (episteme). Já plurais por construção, elas se inscreverão, de saída, naquilo que preferimos chamar de uma *abordagem multirreferencial*.

É assim que a ambição de uma Ciência da Educação parece ter-se tornado acanhada, mesmo se periodicamente ela retorna, à maneira de um fantasma – nos alertam nossos autores. A inteligibilidade das práticas educativas, complexas porque emaranhadas, mais que estratificadas, tanto sobredeterminadas pelo projeto de sociedade que as funda quanto pelas expectativas praxiológicas que as modulam, supõe de fato uma pluralidade de olhares e de perspectivas, senão mesmo igual número de linguagens distintas para poder dar conta disso tudo. Esse plural será facilmente percebido como antinômico aos ideais de transparência, de pureza, de simplificação analítica, geralmente emprestado às disciplinas mais bem estabelecidas pelos recortes que as instituem.

Mas segundo Ardoino e Berger (2003, p. 37), esse plural e essa heterogeneidade vão também especificar os laços de troca conflitantes (marcados por interesses divergentes; outros, podendo, a partir de então, convergir, tornam-se objetos de negociação entre parceiros-adversários-formadores e sujeitos em formação, pesquisadores e práticos, especialistas de psicologia ou sociologia separados pelas respectivas línguas) que não podem se efetuar, na prática, senão na duração de uma alteração.

É assim que, para nossos autores, o enfoque *multirreferencial* das Ciências da Educação não cria através do entrecruzamento dos olhares críticos uma zona mista, espécie de interseção de múltiplos campos disciplinares. Constitui, sobretudo, a invenção temporal, contínua, de um questionamento mútuo de cada uma das referências convocadas pelas outras. As problemáticas alternadas e interdependentes do agente, do ator e do autor, nas situações sociais, poderiam servir de exemplo (Ardoino; Berger, 2003, p. 38).

Para Ardoino e Berger (2003), é possível que esse emergir *multirreferencial* das Ciências da Educação possa se constituir, em termos contemporâneos, num analisador significativo da complexidade relacional dessas ciências.

Realçando a compreensão como ato de vida (*bios*) e a interpretação partilhada como um exercício fundamental para não se praticar a *alteração* ideologicamente sistematizada como assimilação e descarte, entendemos que um cenário curricular-formativo constituído sob uma inspiração *multirreferencial* inova política e pedagogicamente, porquanto se institui e se organiza pelo conjunto de relações abertamente disponibilizadas à tensão dialógica como forma de política cultural para construção da formação.

Para Atlan e Ardoino, por exemplo, em havendo várias racionalidades, múltiplas maneiras de se ter razão, legítimas, ainda que diversas, é preciso não se buscar mais a verdade última, única. Constatando que a nossa razão discursiva funciona sempre privilegiando a identidade de não-contradição, Atlan vai colocar em realce muito mais as relações entre diferenças do que as analogias. Nesse sentido nos diz:

> A preocupação que os depositários de uma tradição possam ter em aceitar e reconhecer os valores das outras deve impedi-los de tentar negar ou dominar estas outras pela força, continuando a avançar resolutamente no seu próprio caminho. Neste sentido, e apenas neste

sentido, certas tradições talvez possam pretender ser mais "universais" do que outras; mas não em nome de universais teóricos da razão ou da revelação, cujos discursos apenas falam linguagens particulares... Esta atitude contrasta com a atitude adotada por um público apreciador de grandes sínteses unificadoras, e também de "astrologias científicas" e de outros *fads and fallacies* (ATLAN, 1994, p. 38).

Da perspectiva de Atlan, algo compartilhado também por Ardoino, essa disponibilidade epistemológica resultaria numa crítica que não seria simultânea, mas alternativa e recíproca. Partindo da premissa de que "o real não é verdadeiro, contenta-se apenas em ser", Atlan comenta que a única universalidade de valores possível é aquela que se constrói passo a passo, através do embate, da coexistência, e do diálogo, e a única garantia para isso é a boa vontade sem complacência em relação ao outro, ao estranho e ao estrangeiro.

Para Atlan:

> Pode-se sempre criticar o método crítico, do lugar em que nos colocamos, mas é fácil constatar que é impossível colocar-se num ponto de vista absoluto. Isto é, não pode haver um ponto de vista que escape ao método crítico. E a maneira mais eficaz de se dar conta disso consiste justamente em criticar as pretensões de unicidade absoluta de um método colocando-se do ponto de vista do outro método [...] Muito bem, hoje – porque se descobre que a verdade científica sozinha é insuficiente para resolver os nossos problemas de vida, e que as ciências e as técnicas colocam um número cada vez maior de problemas éticos e sociais sem fornecer os meios de resolvê-los –, revaloriza-se a tese de Protágoras. Com efeito, a virtude pode ser ensinada com uma pedagogia específica que se "cola" necessariamente ao ensino da verdade científica. Isso não significa que não haja nenhuma relação entre o ensino da virtude e o das ciências, mas são relações intercríticas, e não dedutivas (ATLAN, 1994, p. 73-76).

Multirreferencialidade, imaginário e formação

Há virtude numa prática dita formativa pautada no recalque do imaginário ou na vontade de decalque do imaginário do outro? Qual o destino de um segmento social que, imerso numa sociedade dita do conhecimento experiencia a formação como algo do âmbito do especular, da exterodeterminação? Não seria esta uma questão humana e política estratégica para se trabalhar a problemática da formação para a autonomia dos indivíduos e dos povos? Mas, de que perspectiva partimos para falar do imaginário implicado às questões da formação?

Na medida em que a formação é confundida, na nossa cultura, com instrução, com treinamento ou capacitação, com o tão propalado processo ensino-aprendizagem, com ação curricular vista como uma mecânica, com o racionalismo educacional, que, aliás, sempre regeu a gestão da formação, evidentemente não se predispõe a considerar as manifestações da fantasia nesses processos e, com tanto mais razão, nos sistemas educativos. Entretanto, neles, como naqueles, o imaginário intervirá de maneira muitas vezes preponderante, de forma transgressora, deslocando, traindo.

Em Ardoino e Berger (2003), encontramos uma elaboração refinada sobre o imaginário na educação, vinculado às preocupações que o autor cultiva no que concerne às questões da formação. Após elaborar um conjunto de explicitações históricas e teóricas a respeito das diversas concepções de imaginário, nosso autor nos oferece a ideia de que imaginar é, talvez, ainda, em um nível mais radical, menos estruturado e paradoxalmente mais elaborado, criar, em função da experiência adquirida e atual, algo distinto do que já estava lá, preexistente, disponível. É, em verdade, outro tipo de ordem. O fenômeno de ruptura (a heterogeneidade) é aí muito mais acentuado do que nas variantes internas de um sistema que permanece dominado pela sua homogeneidade (Ardoino; Berger, 2003)

Tomando o conteúdo do pensamento de Jean Cocteau de que "o poeta é uma mentira que diz sempre a verdade",

Ardoino nos diz que imaginar é também antecipar, transgredir, trair.

É aqui que vamos encontrar o imaginário como radicalidade, ruptura e negação. Para Ardoino, a imaginação radical e o imaginário social estão muito acima de um imaginário especular-reprodutor, como é o caso da perspectiva Lacaniana. Fonte inesgotável, e sempre indeterminada de significações, ele é, simultaneamente social e individual.

Concordando com Castoriadis, para Ardoino, é então a noção de magma que vai melhor caracterizar essa proliferação ilimitada de significações que se criarão e se desenvolverão nos fluxos representativos, afetivos e intencionais das interações humanas, como no livre curso do rio do coletivo anônimo, enquanto fazer social e histórico. A imaginação radical e o imaginário social fortalecer-se-ão e articular-se-ão, assim, pelo jogo de um duplo apoio para produzir tudo o que é justamente imaginável: o quimérico, os mitos, a ficção, a utopia, nossos sonhos, bem como nossos projetos e, mais geralmente, as representações do que nos convém chamar e reconhecer como real, entre os quais as teorias científicas mesmas (ARDOINO; BERGER, 2003, p. 46).

Pode-se falar nestes termos de criação, rupturas, mudanças, transgressões, traições, no seio de uma formação instituinte. Tomando a formação como experiência do sujeito, o imaginário a constitui de forma ineliminável. Sua ausência construída deve ser interpretada como uma atitude que se interessou, pelas suas ações formativas, em produzir reproduções especulares e esvaziá-la na sua natureza criadora.

Pensando nos cenários formativos, e numa filosofia implícita que inspire esses cenários, Ardoino nos explicita como o imaginário entraria aí como uma política de sentido das práticas formativas:

> Enquanto não se souber reconverter as potencialidades
> e os recursos do imaginário em imaginação criadora,
> por meio, notadamente, da dinâmica própria e da dimensão significante e vivificante dos projetos, a magia

fantamasgórica, indiferente a toda realidade, indiscutivelmente manifestará sua esterilidade e suas compulsões de repetição como tantas perturbações da pulsão de morte (ARDOINO; BERGER, 2003, p. 69).

Da nossa perspectiva o trabalho com e sobre o imaginário na formação deve se consubstanciar numa pauta das políticas de conhecimento, das políticas de formação. Do contrário "tudo variará para nada mudar" – nos diz Ardoino.

O que nos desafia no momento é o fato de que a presença do imaginário nas práticas formativas demanda imaginação política e rejuvenescimento dos imaginários propositivos da educação. Enquanto esse desejo e essa revolução não se apresentarem, façamos do imaginário uma forma de microtransgressão histórica, de microtraição criativa, para, com isso, irmos impedindo a esterilização da imaginação nos tempos e espaços das nossas existências em formação.

O *bricoleur* e a formação como errância heurística

Numa prática formativa profundamente marcada pela *desautorização*, alerta-nos Jacques Ardoino, em que, por consequência, a autoria se revela sempre ameaçada e ameaçadora, o autor, ou seja, aquele que acrescenta, tem sempre muitas histórias de recalque a contar. Isso quer dizer que o *bricoleur*, aquele que se aventura na improvisação criativa diante das demandas e dos desafios propostos, muitas vezes no imprevisto, acaba em opacidade, porque reprimido, rechaçado.

Faz-se necessário explicitar que a noção de *bricolage* no meio acadêmico e científico é de autoria de Lévi-Strauss, quando argumenta sobre a necessidade de improvisação criativa nas pesquisas antropossociais, retomada de forma potencializada nas Ciências da Educação e na pesquisa desse campo por George Lapassade e Jacques Ardoino no Departamento de Ciências da Educação da Universidade de Paris Vicennes à Saint-Denis.

Em determinados cenários formativos mais autorizantes, a formação se transforma numa deliberada política de *autorização* e *autonomização* dos formandos, e a *bricolage* pode passar a ser uma experiência significativa para as pessoas saírem das amarras da condução epistemológica disciplinar, dos padrões esperados, dos conceitos protegidos, dos conhecimentos pré-digeridos, muito comuns na produção e dinâmica dos atos de currículo.

O *bricoleur* é um transgressor responsável, o *bricoleur* trai a ordem estabelecida querendo-se ético na sua intenção de ultrapassar os limites, as fronteiras. Despista as delimitações corriqueiras para pensar por um outro caminho, chegando, em geral, a outros portos, vistos comumente como não seguros, insignificantes, ameaçadores.

> [...] os bricoleurs apreciam a natureza multilógica do humano e tudo o que essa multiplicidade implica no esforço de interpretar e entender o mundo. Neste contexto complexo, marcado pelo poder e diversificado, os bricoleurs são forçados a se tornarem os trabalhadores de fronteira interdisciplinares, que labutam incessantemente para entender a rearticular os diversos léxicos científicos e imaginativos que encontram nessas fronteiras... em sua devoção, rejeitam a noção formalista de que há uma resposta para qualquer pergunta e que uma questão, em determinado domínio, tenha primazia sobre as outras (ARDOINO; BERGER, 2003, p. 34).

Nestes termos, Ardoino atribui um papel revolucionário aos *bricoleurs*, no sentido da inflexão político-epistemológica que produzem na relação com o saber eleito como formativo.

Partindo dessas ideias, a bricolagem busca uma relação complexa transgressora com a disciplinaridade e com a mudança de paradigmas. Compreendendo que o conhecimento imaculado e virginal não existe e que as práticas disciplinares não são desenvolvidas de forma racional, linear e integralmente consciente, os *bricoleurs* estão em busca de um *modus operandi* nesse oceano de caos epistemológico. Os *bricoleurs* não são transgressores enlouquecidos, mas, sim, os cronistas da diferença e de sua presença e influência infindáveis. Como tais os *bricoleurs* são arrombadores que "se apropriam" da noção de "ciência normal" da teoria dos paradigmas, pelo propósito transgressor de nunca permitir que seu trabalho seja sugado para o buraco que nega a vida. Um esforço para nunca deixar que a gratificação do ego da notoriedade entorpeça o dever transgressor de trazer à luz pressupostos paradigmáticos não expostos da nova normalidade (Ardoino; Berger, 2003, p. 75).

As ações da formação que acolhem o *bricoleur* não elegem a criação como propriedade de uma inteligência privilegiada, ou de pacotes avaliativos que visam enquadrar, de forma a colonizar a criação. Elas trabalham na sua totalidade em favor do imaginário, da radicalidade da sua capacidade de criar, de extirpar o medo da originalidade, tão comum nos meios formativos. O *bricoleur* projeta-se, lança-se, por uma errância que se quer fecunda e implicada à criação. Configura-se no sujeito erótico em ação, está muito próximo do artista, do artesão, que faz da formação uma contínua arte de viver.

Para Ardoino e Berger (2003), os *bricoleurs* atuam a partir do conceito de que a teoria não é uma explicação do mundo, ela é mais uma explicação de nossa relação com o mundo!

Como artesão da sua própria formação, o *bricoleur* desafia os cenários formativos que o afeta em favor da emergência de outros autores, de outras autorias. Assim, em termos formativos, sua ação deve ser potencializada, seu surgimento deve ser mobilizado, para que a formação se realize inclusive como aprendizagens nascentes, majorantes. O *bricoleur* faz parte do *élan* vital necessário à itinerância e à errância heurísticas (Macedo, 2000; 2010), tão necessárias à inflexão das nossas ações da formação em direção à criação e ao não conformismo.

O *flâneur* e a formação caminhante e curiosa: aproximações com o pensar de um epistemólogo que não gosta de consultar mapas

O *"caminho se faz ao caminhar"*, fala-nos a poesia de Antonio Machado. Caminhante curioso, de curiosidade aguçada, o *flâneur* busca a realização pelo deslocamento, para experimentar novas paisagens, para buscar contrastes e aprender olhando, passando, perguntando, experimentando, tocando, sentido o gosto, ouvindo histórias, às vezes nunca narradas. A viagem é o seu método e dispositivo de formação preferido; parar em lugares imprevistos para que a diferença se lhe apresente e o acrescente é sua paixão de aprendente *flâneur*. Os não-lugares lhe atraem profundamente, porque o obriga a produzir, pelo olhar atento, novos sentidos, novas aprendizagens fronteiriças, híbridas. Seu caminhar é, muitas vezes, em zig-zag, rizomático, porque burla "os guardas de fronteiras", porque sabe que a trajetória inventada pela balística (Ardoino, 2003), na *flânerie*, é inimiga da compreensão dos sítios de pertencimento simbólico com os quais interage e aprende no seu caminhar, nas suas experimentações. A cada investida, o *flâneur* se convence da necessidade de lutar contra a naturalização e banalização das culturas, das paisagens, das pessoas e seus etnométodos. Nada está dado para esse viajante desejoso de olhar, falar, conviver, por isso ele caminha aprendendo. Como a passagem das paisagens, as mudanças produzidas pelo movimento plural das culturas e temperaturas, as entonações diferenciadas das falas, os cheiros e gostos dos lugares, a alternância dos ventos e da luz, fazem bem à sua visão, à sua audição, ao seu olfato, ao seu paladar e aos seus poros. Seu desejo de andança aprendente é eterno enquanto durar a sua existência curiosa, essas são inspirações que estão presentes no pensamento epistemológico de Ardoino como um viajante que não gostava de consultar mapas – nos dizem Guy Berger e René Barbier.

O *flâneur* teima em fabricar o seu tempo, não gosta de esperar acontecer, no sentido da massificação/consumação cultural e econômica dos lugares culturais. O que funda sua existência é o seu caminhar curioso e aprendente.

A formação do *flâneur* vai implicar, acima de tudo, na garantia do experiencial. Um *flâneur* não se forma experienciando simulacros.

Essa experiência formativa singular implica um "caminho que só se faz ao caminhar".

O *flâneur* por definição é um ser dotado de imensa ociosidade e que pode dispor de uma manhã ou tarde para zanzar sem direção, visto que um objetivo específico ou um estrito racionamento do tempo constitui a antítese mesma do *flâneur*. Um excesso de ética produtivista (ou um desejo de tudo ver e de encontrar todo o mundo que conta) inibe o espírito farejador e a ambição deambulante de esposar a multidão.

Esse é um debate que as ciências da natureza já constroem com intensidade, preocupadas em termos contemporâneos com a excessiva modelização da construção de suas compreensões, principalmente em face dos reducionismos tecnológicos. É como se os modelos em si explicassem e os objetivos prefixados esgotassem o mundo das possibilidades no contato com a pluralidade das realidades; mera reprodução tecnológica da simplificação disciplinar; uma forma de "regeneração" tecnicista, como entende Jacques Ardoino; um problema epistemológico preocupante dos nossos tempos envolvendo nesta problemática como as práticas de formação devem abordar essas reduções.

Ardoino encontra no *flâneur* e na *flanêuse* a condição de "etnógrafos primordiais", que, segundo ele, corporifica dentro da cultura pós-moderna e do capitalismo tardio, uma tentativa de viver em ambientes urbanos, dentro de estratégias de mercado e dos mecanismos do capitalismo, mantendo alguma forma de distanciamento ao estabelecer uma marcha que está fora do passo com as circulações rápidas da metrópole moderna. Para Ardoino, o *flâneur* e a *flanêuse* buscam o mistério da vida cotidiana, sem saber que tal busca pode fundir-se sub-repticiamente com a própria lógica da mercadoria que fascina, excita e repulsa com igual força.

Como um "re-imaginador" do mundo, como um etnógrafo sem fixidez de objetivos, *a priori* traçados, como um detetive conceitual, a prática do *flâneur* sugere uma metodologia.

> Flânerie, neste sentido, refere-se tanto a produzir como a consumir textos, de forma distanciada e ativa [...] consiste

então em atividades de observação (incluindo a escuta), leitura (da vida e de textos) e produção de textos. Pode ser associada a uma forma de olhar, de observar; uma forma de ler a cidade e sua população; e uma forma de ler textos escritos [...] o flâneur, portanto, tomando as inspirações de Walter Benjamim como orientação, não está associado apenas à observação e à leitura, mas também à produção... mais do que um decifrador, um flâneur é também um produtor [...] são produtores de textos etnográficos...podendo produzir uma flânerie crítica (Ardoino, 2003, p. 102).

Assim, a *flânerie*, como pauta da formação, não dispensaria a reflexividade sociológica e epistemológica, no sentido da desnaturalização e desfatalização do mundo social.

Em tempos multiculturais, como tema candente da educação contemporânea, porque a diferença não pede mais licença para entrar, um currículo inspirado na necessidade de formação de sujeitos com gosto pela *flâneurie*, potencializaria o aprendizado e a formação com e pela diferença. Levando em conta que as cidades e os sítios de pertencimento simbólico, ou seja, cenários culturais simbólica e politicamente organizados, são cada vez mais reconhecidos como formativos, num mundo de diferenças cada vez mais próximas, a formação inspirada nas itinerâncias e errâncias do *flâneur*, no sentido de compreender a intricada condição humana em termos sociais e culturais, e *a fortiori*, a emergência da diferença, parece descortinar uma possibilidade tão significativa quanto urgente. Esse é um dos desafios que o currículo e os dispositivos da formação hoje são chamados a enfrentar, enquanto realidades tradicional e historicamente autocentradas, sabendo-se, inclusive, profundamente despreparados, "porque nunca foram caminhantes" – nos diz Jacques Ardoino.

Aprendizagem e formação de uma perspectiva multirreferencial

A formação puxa a aprendizagem para uma dimensão que não se reduz ao mnemônico, ao perceptivo ou ao cognitivo, aos caprichos do desejo, como é comum encontrarmos nos cenários teoricamente antinômicos da pedagogia. É aqui que imaginamos uma existência em aprendizagem, até porque, se a aprendizagem é, de algum modo, uma invariante humana, (somos programados para aprender), sua emergência é sempre humanamente plural e, com isso, essa condição a torna uma pauta e uma opção social, cultural, política. Portanto, uma variante entre nós humanos. Se estamos programados para aprender, estamos, por consequência, condenados a aprender social e culturalmente – nos diz Ardoino. Essa condição acaba por demandar uma atenção refinada sobre o que seria uma aprendizagem que forma, esta última compreendida como modo de ser.

Como uma atividade humana extremamente complexa, a aprendizagem se caracteriza por um processo em que o sujeito busca, e é desafiado a buscar, compreender a realidade em que vive e a si, através da sua capacidade percepto-cognitiva e de interação estruturantes, (nem sempre conscientes), mediadas por suas intenções, interesses, desejos e escolhas, modificando, portanto, seu meio e a si próprio (toda aprendizagem envolve mudanças, deslocamentos, retomadas, ressignificações e possibilidade de rupturas, *alterações* segundo Ardoino), em que a resultante desse processo se configura na aquisição de saberes e fazeres, em níveis intelectuais, cognitivos, psicomotores, psicossociais, culturais, como dimensões relativamente integradas, implicando aí um inacabamento infinito, até porque, em face de existirmos colocando-nos constantes problemas para compreendermos e solucionarmos, estaremos sempre condenados a aprender. Tal processo acontece e se realiza, em meio a uma cultura e a uma realidade social e histórica, implicando relações estruturantes, em que atividades e conteúdos a serem aprendidas configuram escolhas socialmente referenciadas.

Vale dizer que o fenômeno da aprendizagem de uma perspectiva *multirreferencial*, como quer Ardoino, não pode ser percebido apenas por uma perspectiva psicológica, biopsicológica ou psicopedagógica, até porque, aprender num processo formativo implica o social, o cultural, o político, o estético, o econômico, etc.

Citados constantemente por Ardoino, Clyde Kluckhohn e Jerome Bruner nos falam, em suas obras recentes, que os seres humanos não terminam em suas próprias peles, eles são expressões de uma cultura. Pautado em Geertz, Bruner afirma que não existe coisa tal como uma natureza humana independente da cultura. Desta perspectiva, em virtude da participação na cultura, o significado aprendido é tornado público e compartilhado (BRUNER, 1997). Compreendemos, assim, que as realidades resultam de processos prolongados e intrincados de construção e negociação, profundamente imbricados na cultura. Mas também, que a cultura é constitutiva do psíquico; assim, o significado atinge uma forma que é pública e comunal, em vez de privada e autista.

Por consequência, é a cultura que talha a vida e a mente humana, que dá significado à ação, situando seus estados intencionais subjacentes em um sistema interpretativo e experiencial de aprendizagem.

Compartilhando o pensar heterogêneo de Jacques Ardoino, Josso comenta:

> Aprender não é apenas aprender isso ou aquilo; é descobrir novos meios de pensar e de fazer diferente; é partir à procura do que poderá ser este "diferente". É por isso que me arriscaria a dizer que o acto de aprender transformado em "acto de investigação" poderia permitir aos aprendentes desenvolver a sua criatividade, as suas habilidades, a sua capacidade de avaliação (auto-avaliação e co-avaliação, valor extraído e atribuído a...), a sua capacidade de comunicação e de negociação (JOSSO, 2002, p. 184).

Vale dizer, ainda, que aprender solidariamente e por uma ética da mutualidade, como quer a abordagem ético-cultural de Jacques Ardoino, não significa ausentar-se do conflito de interpretações e de soluções, é bom que se frise. É antes de tudo um exercício que experimenta o fato de que não aprendemos de forma igual e nem chegamos às soluções dos problemas apenas de forma mimética ou reprodutivista, e que em muitos momentos lutamos por significados, ou seja, por aquilo que acreditamos; tem a ver com o poder significativo da crença, que muitas vezes, por exemplo, faz um professor escolher como trabalhar.

Chamamos a atenção para o pensamento de Bernard Charlot (2000), colega de formação e intelectual contemporâneo de Jacques Ardoino na Universidade de Paris Vincennes à Saint-Denis, ao nos dizer que qualquer que seja a figura do aprender, o espaço do aprendizado é, portanto, um *espaçotempo* partilhado com os outros homens. Nesse sentido, não está em jogo apenas o didático e o epistemológico. Há um processo identitário em fluxo na relação com o saber. Dessa forma, aprender significa, também, entrar numa dinâmica relacional, apropriar-se de uma forma intersubjetiva, construir, de forma autorreflexiva, uma imagem de si. É partindo também dessa perspectiva que Humberto Maturana (1995), em acordo com Ardoino, dissemina a ideia de que aprender não é a aquisição de algo que "está lá". É, por outro lado, uma transformação em coexistência com alguém. Algo muito próximo da ideia de alteração em Ardoino.

O que desejamos é perspectivar um futuro social ajudado pelas políticas e práticas curriculares em que as aprendizagens se configurem predominantemente como "aprendizagens narrativas", porque *multirreferenciais*, desenvolvidas no seio de um "currículo como narrativa".

Nesse sentido, inspirados em Ardoino, foi que elaboramos perspectivas que apontam para uma abordagem à aprendizagem imbricada ao contexto curricular e formativo visando, ademais, ecologizar criticamente a aprendizagem, fazê-la comunicante no sentido de aprender aprofundando, distinguindo, relacionando, globalizando, tensionando, num ambiente de intenção e elucidação formativas:

- Trabalhar intensamente a produção de sentidos no aprender, visto que toda e qualquer via de possibilidade para se realizar o fenômeno da aprendizagem apresenta-se como estruturada e estruturante, mesmo a partir das elementares experiências sensíveis.

- Ouvir sensivelmente as aprendizagens e acolher os seus processos honestos de errância e de ambivalência.

- Compreender os etnométodos dos processos de aprendizagem – métodos, maneiras práticas, construídos na cultura específica de qualquer ator social aprendente, para todos os fins práticos – para não fazer das ações da formação uma barbárie de culto à univocidade cultural, pois ninguém aprende de forma igual.

- Compreender que aprender significa *alteração* coconstruída, seja nos âmbitos intelectual, cognitivo, seja no afetivo.

- Tensionar via as histórias e os contextos de produção, os materiais e situações a serem aprendidos.

- Colocar em diálogo o clássico e o novo, evitando a lógica simplista do descarte e da substituição do conhecimento durante o processo de aprendizagem.

- Distinguir e relacionar conhecimento e competência qualificada, pois, nos cenários de aprendizagem, o conhecimento por si não garante a qualificação que implica conhecer com *autorização* para uma prática técnica e politicamente reflexiva.

- Desconstruir a hierarquização das aprendizagens em termos socioculturais, mesmo no necessário reconhecimento de que existem aprendizagens prioritárias em determinados campos e tempos, visando à humanização radical do aprender.

- Nutrir a curiosidade expandida, que é a mais viva das características da ação de conhecer.

- Instituir a aprendizagem solidariamente transgressiva, divergente, questionante.

- Relativizar os modos de aprender, porque a diferença faz parte do ser-aí e suas inteligibilidades, como formas de compreender e agir no mundo.

- Garantir a aprendizagem para a vida, implicando o exercício profissional, político, estético e o da cidadania democraticamente enraizada.

- Reconhecer que se aprende pelos sentimentos e que os sentimentos aprendem, compreendendo que o fenômeno da aprendizagem é também do âmbito do estético e do erótico.

- Instaurar vigorosamente uma aprendizagem pela inteligência e para a inteligência geral, aquela que, ao lidar com as especificidades, as especializações, é também capaz de produzir conhecimento relacional e globalizado.

- Acolher as diversas inteligibilidades e experiências de aprendizagem, que não se reduzem ao uno, ao *ratio* enquanto cálculo e suas políticas de controle, que não se plasmam no normativo, no simplesmente esperado, como forma de reconhecimento da heterogeneidade irredutível da aprendizagem. Nesses termos, faz-se necessário acolher a *transgressão*, a *negatricidade* e a *traição* (ARDOINO) como inflexões que apontam para experiências aprendentes *autorizantes*.

Por concluir

Percebemos com relativa inquietação como aspectos teóricos da *multirreferencialidade* vêm sendo utilizados por documentos de políticas educacionais, bem como pelo pensamento teórico-formativo, face à forma superficial com que são apresentados e acolhidos, com graves prejuízos para a potência crítica, epistemológica, educacional e formativa que apresentam. Preocupa-nos a assimilação descontextualizada dessa teorização de base epistemológica, nascida na crítica tensa que os intelectuais do Departamento de Ciências da

Educação da Universidade de Paris Vincennes à Saint-Denis realizaram no contexto histórico das contradições das instituições francesas e europeias e suas relações com outras culturas, tomando principalmente a universidade e a formação como pautas de reflexão.

A devoração do pensamento de Jacques Ardoino e os debates que giram em torno da sua teorização, bem ao gosto dos mais inquietos e críticos institucionalistas franceses, não pode emergir fora do debate político-cultural que permeia a formação e as Ciências da Educação, sob pena de ser interpretado como mais um ecletismo sem face e sem opção elucidativa e política. Esse seria um equívoco imperdoável com a história intelectual e acadêmica deste professor, epistemólogo e pesquisador de refinadas e engajadas reflexões no campo das Ciências da Educação e Antropossociais, bem como das práticas e situações educativas.

Referências

ARDOINO, Jacques; PERETTI, André. *Penser l'hétérogène*. Paris: Desclée de Brouwer, 1998.

ARDOINO, Jacques. Abordagem multirreferencial (plural) das situações educativas e formativas. In: Barbosa, J. *Multirreferencialidade nas ciências e na educação*. São Paulo: Editora da UFSCar, 1998. p. 24-41.

ARDOINO, Jacques. La démarche clinique: identité et théorie du sujet. In: *Revue Quel corps*, Tome 1, n° 43-44, Février, 1993, p. 6-18.

ARDOINO, Jacques; BERGER, Guy. Ciências da educação: analisadores paradoxais das outras ciências. Tradução de Rogério Córdoba. In: BORBA, S.; ROCHA, J. (Orgs.) *Educação e Pluralidade*. Brasília: Plano, 2003, p. 36-37.

BRUNER, J. *Atos de significação*. Tradução de Sandra Costa. Porto Alegre: Artmed, 1997.

ATLAN, Henri. *Com razão ou sem ela. Intercrítica da ciência e do mito*. Tradução de Fátima Gaspar e Fernando Gaspar. Lisboa: Instituto Piaget, 1994.

ATLAN, Henri. Viver e conhecer. *Revista Cronos*, Vol. 2, número 2, jul/dez. 2001, p. 63-76.

BAKHTIN, Mikail. *Marxismo e filosofia da linguagem*. Tradução de Michel Lahud e Yara Vieira. São Paulo: Hucitec, 1992.

JOSSO, M.-C. *Experiência de vida e formação*. Lisboa: EDUCA, 2002.

MACEDO, R. S. *A etnopesquisa crítica e multirreferencial*. Salvador: EDUFBA, 2000.

MACEDO, Roberto Sidnei. *Chrysallís. Currículo e complexidade. A perspectiva crítico-multirreferencial e o currículo contemporâneo*. Salvador: EDUFBA, 2002.

MACEDO, R. S. *Compreender e mediar a formação: o fundante da educação*. Brasília: Liber Livro, 2010.

MACEDO, Roberto Sidnei. *Currículo: campo, conceito e pesquisa*. Petrópolis: Vozes, 2007a.

MACEDO, Roberto Sidnei. *Currículo, diversidade e eqüidade: luzes para uma educação intercrítica*. Salvador/Brasília: EDUFBA, Liber Livro, 2007b.

MORIN, Edgar. Entrevista concedida a Jacques Ardoino e Peyron--Bonjam. *Pratique de Formation. Analyses*, n° 39, Fev. 2000, p. 57-76.

MANTOAN, Maria Tereza Egler. Produção de conhecimentos para a abertura das escolas às diferenças: a contribuição do LEPED (Unicamp). In: ROSA, D. E. G.; SOUZA, V. C. de. *Políticas organizativas e curriculares, educação inclusiva e formação de professores*. São Paulo: DP&A, 2002. p. 79-93.

WULF, Christoph; MORIN, Edgar. *Planeta. A aventura desconhecida*. Tradução de Pedro Goerge. São Paulo: UNESP, 2003.

| Capítulo III

Uma escola *MULTIRREFERENCIAL*: a difícil arte de se autorizar, o pensamento plural de Jacques Ardoino e a educação

Joaquim Gonçalves Barbosa[1]

Com o presente texto, minha intenção é contribuir para uma compreensão das práticas educativas e formativas a partir do pensamento *multirreferencial* de Jacques Ardoino, cuja visão epistemológica permite um olhar generativo para as relações que ocorrem no interior da escola, tanto as que se referem ao professor quanto ao gestor educacional. Nesses dois campos, tenho exercitado esforços de teorização e práticas, considerando a condição de atores implicados numa relação em cujo interior os envolvidos almejam a condição de sujeitos-autores.

Compreender a relação do professor perante o estudante e a do gestor diante de seu grupo de liderança e atuação, sob a *perspectiva multirreferencial*, inspiração fundada na obra de Jacques Ardoino, significa lê-las a partir da ótica da *escuta clínica*, que tem como base uma teoria do sujeito. A *multirreferencialidade*, mais que um conceito, apresenta-se

---

[1] Doutor em História e Filosofia da Educação pela PUC/SP e professor aposentado pela Universidade Federal de São Carlos.

como uma epistemologia, um modo de ver o mundo no qual nos inserimos; um modo de compreender a ciência, o conhecimento, o outro, nossa própria atuação no social e conosco mesmos. O conjunto de ideias acima referidas, imbricadas, em seu conjunto, possibilita aos atores envolvidos no campo profissional da educação uma leitura plural de demandas tão contraditórias e paradoxais quanto consideradas tanto na perspectiva do social, quanto da interioridade do sujeito e do sentido.

Conforme os parâmetros da ciência moderna, aprendemos a conhecer o mundo a partir de uma proposição em que o conhecimento somente é possível quando sujeito e objeto se apresentam separados. E assim aprendemos a ver a escola e a prática educativa de fora, alheios a ela, como se não fizéssemos parte dela. Aprendemos a vê-la de longe, mas não de perto e muito menos fazendo parte desta mesma realidade estudada.

No que concerne à pesquisa no campo educacional, nesta direção do olhar *multirreferencial*, incluindo-nos em seu interior como "objeto" de nossa própria pesquisa, fazem eco outras proposições semelhantes, como, por exemplo, a que nos apresenta Edgar Morin. Este autor afirma a necessidade de o sociólogo estabelecer um "metaponto de vista" a partir do qual *veria* "a si próprio como objeto de estudo; não só como objeto pertencente a uma dada categoria socioprofissional, mas também como ator-sujeito, e se tornasse investigador da sua própria investigação". Este metaponto exige, diz ele, "a reflexão sobre si, mas também uma reflexão sobre a relação entre si e a sua própria sociedade" (MORIN, 1998, p. 33-34).

> No presente, a ciência já nos permite caminhar na direção oposta da separação entre sujeito e objeto, e permite esta inclusão do sujeito na leitura que faz da realidade estudada, incluindo-se como parte dela. Enquanto Morin (1998, p.33-34) diz da necessidade do sociólogo se ver a si próprio como objeto de estudo, como ator-sujeito e "investigador de sua própria investigação" o que irá

exigir uma "reflexão sobre si", para os autores Pellanda e Pellanda a epistemologia freudiana, por exemplo, tem o grande mérito de mostrar o inacabado e instaura, por isso, uma nova relação sujeito/objeto no ato de conhecer. O conceito de inconsciente mostra que existem muitas formas de leitura da realidade e esta, por sua vez, transforma-se com essas leituras. Esse é o novo modelo da ciência que encontraremos mais tarde também na Nova Física, na Química das estruturas dissipativas, na Biologia e na Epistemologia Genética (1996, p. 235).

Em direção oposta à forma disciplinar de conhecer a realidade, como nos ensina a ciência moderna, está a subjetividade que marca profundamente o novo paradigma. Isto tem consequências epistemológicas profundas. A ciência *fin de siècle* nos alerta, cada vez mais, para a auto-organização e para o papel do sujeito na construção da realidade" (PELLANDA; PELLANDA, 1996, p. 17).

Portanto, quando nos referimos à educação como relação entre sujeitos está posta a questão de modo que o educador, aquele responsável pela interpretação e condução do processo, não precisa se ver de fora. Trata-se de uma relação em que ele se aperceba do processo que se instala e procure instituir um tipo de relação de modo que ocorram processos de atuação e comunicação através dos quais os dois exercitem cada vez mais a condição de sujeito.

Uma relação assim pensada, na qual, mediados por conteúdos da ciência, dois sujeitos exercitam a própria condição de sujeitos, estou denominando de relação educativa ou pedagógica. Pedagógica, portanto, é um tipo de relação que ocorre entre o educador e educando através da qual, em sua singularidade e heterogeneidade, implicados, os sujeitos envolvidos exercitam a própria aprendizagem da *autorização* e da *alteração*. Portanto uma questão fundamental ainda persiste, que é assumir como conteúdo por excelência da educação a própria relação entre sujeitos, em toda sua *heterogeneidade* e *negatricidade*. Essa é uma ideia preciosa no interior do pensamento multirreferencial de Ardoino. Para esse autor, trata-se da capacidade que o ser humano "possui sempre de poder desmantelar com suas contra-estratégias aquelas das quais se sente objeto" (ARDOINO *apud* BARBOSA, 1998, p. 68). Ou seja, a capacidade humana de "fugir", estabelecer "contra-estratégias", diferentes daquelas que lhes são esperadas; de trair as expectativas colocadas.

Assim, a educação que tanto almejamos se oculta atrás de uma mudança de olhar, de uma ruptura epistemológica que só ocorrerá quando nos incluirmos neste processo como sujeitos implicados que somos; com as angústias e tensões de observador presente e atuante. Essa dimensão de percepção de nossas estruturas psíquicas, que de uma maneira ou de outra marcam nossas interpretações, é possível ser compreendida na perspectiva da ideia de *implicação* proposta por René Barbier quando se refere a ela como sendo da ordem do psicoafetivo; do histórico-existencial e do estruturo--profissional (BARBIER, 1975, p. 105).

Dessa forma, a interpretação que fazemos de nossas práticas ou das conclusões das nossas atividades de pesquisa e de formação, que pretendemos objetivas, virão sempre marcadas por nossas *implicações*, que se farão presentes de um modo ou de outro. Para Jacques Ardoino, o conceito de *implicação*, por exemplo, está intimamente ligado à ideia de *autorização*, que para ele pode ser traduzida como "la capacidad de autorizar-se, de hacerse a sí mismo, al menos, co-autor de lo que será producido socialmente. Si el actor es siempre, más o menos explícitamente, portador de sentido, el autor es fuente y productor de sentido"[2] (ARDOINO, 1993, p. 122).

A difícil arte de se autorizar

A questão do outro nos remete ao heterogêneo. Em outra ocasião, denominei esta heterogeneidade de "instituição do outro". Trata-se da criação de um "lugar" para outro. O outro que se encontra externo a nós e os inúmeros outros que

---

[2] "A capacidade de autorizar-se, de fazer-se a si mesmo, ao menos coautor do que será produzido socialmente. Se o ator é sempre, mais ou menos, explicitamente, portador de sentido, o autor é fonte e produtor de sentido".

habitam em nós. Neste sentido, entendemos a proposição de Ardoino quando diz que o que podemos almejar é uma coautoria de si mesmo para fugir desta busca desenfreada por um purismo como se fosse possível, sem levar em conta "os determinismos sociais e psicossociais que interferem necessariamente" (ARDOINO, 1998, p. 28). Francis Imbert, intelectual que compartilha vários argumentos com Ardoino, quando esteve na UMESP em agosto de 2006, apresentando um seminário sobre "A práxis em educação", afirmava que foi preciso anos de profissão para "perceber que a coisa mais importante é a separação do outro". Ele se referia à realização de "monografias", breves textos, no sentido de possibilitar a criação de "pequenas instituições a serviço do professor para que seja menos louco e que também se separe da representação que faz da criança, de si mesmo e do processo de transferência" (IMBERT *apud* BARBOSA, 2004).

O que será a educação senão esta prática ininterrupta de separação tendo em vista o que nos diz Castoriadis em forma de pergunta: "Por que não se pode suportar um *outro* que seja verdadeiramente *outro* e não simplesmente um outro exemplar de si?" (CASTORIADIS *apud* BARBOSA, 1998, p. 54). Ardoino coloca de forma magistral a questão intrínseca do heterogêneo ao se referir ao plural como "caráter inelutável desse reconhecimento e dessa aceitação do outro"; alteração – ação do outro – muito mais que alteridade enquanto somente ideia do outro, mas considerando as duas que superam "amplamente a simples noção de diferença porque ambas levam em conta a heterogeneidade, aqui constituída principalmente de desejos, interesses e intencionalidades, e mesmo de estratégias antagônicas" (ARDOINO, 2002, p. 553).

Com tal proposição, o autor nos coloca em cheio no âmago de nossas relações educativas e formativas quando fixamos nosso olhar na ideia do outro (alteridade) e não nos permitimos esbarrar com a ação do outro (alter-ação), com o outro de carne e osso, o aprendente que nos desestabiliza com sua ação, seus gostos, seu jeito de pensar, de ser e de reagir diante de nós. Todo o tempo nos vemos centrados numa ideia de aluno, de sala de aula, de ensino, de aprendizagem e se nos apresenta como obstáculo intransponível para lidarmos com o heterogêneo; esta atuação do outro que tanto nos incomoda e nos desestabiliza. Aqui não estamos nos referindo ao diferente, até porque podemos considerar a diferença de nossos estudantes sem nos abstrairmos da condição do homogêneo, nossa ideia homogênea sobre eles.

Nesta direção do heterogêneo, do outro, no sentido da *alteração*, para além da alteridade (a ideia do outro), a educação se nos apresenta particularmente complexa. Tanto o conceito de *alteração* quanto de alteridade ultrapassa a noção de diferença pelo fato de ambas levarem em conta a heterogeneidade. Considerar o diferente não necessariamente é considerar o outro e sua ação, mesmo assim não é difícil estarmos convictos da importância do outro enquanto alteridade. "É muito fácil dormir com a ideia do outro, ele não ronca", mas por outro lado, "é muito mais difícil viver com a alteração, quer dizer com a ação do outro, que tem negatricidade, que se opõe a nós, portanto, e do qual o desejo não responde necessariamente ao nosso" (Ardoino, 2002, p. 34).

Conforme o pensamento de Ardoino é esta heterogeneidade e sua natureza plural que irá definir a ideia de complexidade. A complexidade, diferente de complicado, mais que uma característica do objeto, constitui-se numa qualidade do olhar do observador que se propõe a refletir ao invés de pensar nas propriedades assim emprestadas aos materiais da pesquisa, particularmente quando os procedimentos clássicos de inteligibilidade se apresentam insatisfatórios e não dão mais conta do que se propõem. Para ele: "Não há sem dúvida no universo, de maneira absoluta, uma dicotomia possível entre objetos simples, por um lado, e objetos complexos, por outro. Parece-nos mais correto dizer que há, sim, dados e ideias que elaboramos a propósito dos objetos" (Ardoino, 1998, p. 12).

A ideia de autor-cidadão (Barbosa, 1998, p. 7-13), que nos tem sido muito útil, tem a ver com o conceito de autoria, como propõe Ardoino quando se refere à "capacidade de fazer de si mesmo o seu próprio autor, de tornar-se a si mesmo o autor de si" (ARDOINO, 1998, p. 25) e ao conceito de autonomia apresentado por Castoriadis para quem o mesmo também apresenta dupla perspectiva: a interna, o "núcleo do indivíduo, uma psique (inconsciente, pulsões) que não é possível eliminar nem dominar" e a externa, que "nos mergulha em pleno meio do oceano social-histórico" onde o indivíduo, "a cada instante, leva com ele, nele, uma história que não pode nem deve 'eliminar', visto que sua própria reflexividade, sua lucidez, é, em certo sentido, o produto disso" (CASTORIADIS, 1992, p. 40).

Quando nos referimos à educação é preciso considerar não somente uma elaboração sobre o outro, mas também sobre si próprio, pois nos encontramos inseridos neste processo relacional entre sujeitos que se instituem na relação um perante o outro. Mais uma vez vale destacar a visão multirreferencial que se alicerça na ideia de heterogeneidade explicitada por Jacques Ardoino como a "experiência mais extrema, às vezes a mais cruel, mas provavelmente também a mais enriquecedora que podemos ter da heterogeneidade é a que nos é imposta através do encontro com o outro, enquanto limite de nosso desejo, de nosso poder e de nossa ambição de domínio" (ARDOINO, 2002, p. 553).

A escola plural da perspectiva do pensar de Jacques Ardoino

Merece um esforço de nossa parte enxergar a educação não na perspectiva da dimensão, uma separada da outra, mas no sentido das referências quando sobre a mesma questão possamos endereçar olhares de diferentes perspectivas. Não há como não ver a relação educativa entre educador e educando senão a partir de múltiplas referências; de uma "pluralidade de olhares dirigidos a (esta) realidade" como também uma "pluralidade de linguagens para traduzir esta mesma realidade e olhares dirigidos a ela" (ARDOINO, 1998, p. 205). Assim, não será difícil compreender as diferentes perspectivas como o pedagógico, o social, o subjetivo, o racional, todas elas imbricando o olhar hipercomplexo sobre nosso "objeto" de trabalho que se materializa na relação entre sujeitos em relação ao contexto da organização--instituição chamada escola. Não mais a preparação da escola para a vida e sim a compreensão de que a escola é também um lugar de vida. Podemos encontrar esta ideia--eixo retomada pelo autor em diferentes ocasiões, mas, aqui, retomo-a por entender que se trata de uma síntese ímpar sobre a compreensão da escola para além dos parâmetros formais e, também, por achar que nesta breve síntese encontra-se com clareza sua concepção do que seja a abordagem multirreferencial. Estarei apresentando a seguir diferentes afirmações do autor, mas o conjunto referido pode ser consultado em Ardoino (1998, p. 34-35). Para facilitar para o leitor colocarei entre aspas e em itálico quando me referir textualmente às palavras do autor.

O autor inicia sua afirmação defendendo a escola como "lugar de vida, uma comunidade, que reúne um conjunto de pessoas e de grupos em interação recíproca". Gosto desta afirmação contundente de que a escola seja "um lugar de vida". Até parece que temos nos esquecido deste princípio, já que temos voltado toda nossa atenção para a escola como preparação para a vida. E enquanto nos voltamos para o futuro não focamos com a devida sensibilidade as nuances, os ingredientes, a vida que ocorre no aqui e agora. E assim nos envolvemos em uma armadilha qual seja a de assumirmos como finalidade, por exemplo, o cidadão crítico, mas cuja prática acontece na contramão, em direção contrária e tem sido efetuada sob uma ótica autoritária. Ingenuamente não realizamos uma leitura clínica do que fazemos, mas afirmamos trabalhar na direção dos objetivos proclamados. Como também é imprescindível trabalhar na perspectiva da "pessoa" e do "grupo", pois cada qual apresenta uma realidade própria e encaminhamentos teóricos e de análise próprios e apropriados. Os mesmos conhecimentos que possibilitam compreender e analisar o indivíduo e a pessoa diferem daqueles que oportunizam o entendimento dos grupos e da dinâmica que ocorre entre eles.

Mas tais relações acontecem num tempo, numa "duração, carregada de história". É num tempo que o sujeito se altera; onde ele exercita sua condição de sujeito. Há uma geografia do vivido e um tempo no qual o sujeito se faz e se marca. As experiências vividas deixam suas marcas, e assumir-se "marcado" é assumir-se implicado. Trata-se de situações que se sucedem numa "duração, carregadas de história" cujas "pulsões inconscientes e da vida afetiva", pelos processos "transferenciais e contratransferenciais" vividos irão determinar as sinuosidades e porosidades do terreno das relações no interior da escola. E tais processos marcarão mais do que imaginamos e pretendemos as relações no interior da escola, para além da *lógica do sistema* através da qual, na organização, reduz-se a possibilidade de negociação de sentido dos interlocutores em relação, aos papéis funcionais, às tarefas, à persecução de objetivos e metas.

No contexto da organização escolar, há uma ênfase acentuada no funcionamento, na competência, na produção de resultados, enfim, na organização. Apresentam-se como mundos opostos este da organização e outro que considere a perspectiva histórica dos sujeitos, as dimensões psicoafetivas vivenciadas por eles, as dinâmicas transferenciais, sem o que não se estabelecem vínculos, não se oportuniza a ocorrência da relação entre agentes-atores que almejam sua condição de sujeitos-autores. Voltar-se para estas questões e para a abordagem plural é considerar tal perspectiva assumindo a implicação na prática do docente e do administrador como viés, sem o que não há como ir além do paradigma disciplinar de se produzir conhecimento e de abordar o contexto educacional e formativo no interior da escola.

Numa tal comunidade, os atores sempre aspiram, mais ou menos, a se tornarem autores. À discussão implícita no debate sociológico que parte da ideia de agente a qual traz consigo uma perspectiva de funções, de sistema, implicando em um modelo mais mecânico, acrescenta-se a ideia de ator, que, em si, recupera uma perspectiva histórica e temporal para além de mera peça de funcionamento. O ator já se apresenta "provido de consciência e de iniciativa, capaz de pensar estratégias" (ARDOINO, 1998, p. 27). Mas Ardoino propõe não parar por aqui tal encadeamento; para ele, torna-se necessário acrescentar a ideia de autor que, para além da perspectiva do ator, compreende-o como "o fundador, o criador, até mesmo o genitor; seja como for, aquele que se situa e que é explicitamente reconhecido pelos outros como estando na origem de" (ARDOINO, 1998, p. 28).

E educação não é senão o encaminhamento no decorrer da vida desta aprendizagem contínua de se autorizar, ou, como dirá o próprio Ardoino, este exercício de se "tornar co--autor de si mesmo". Coautor, para fugir de um entendimento absoluto, pois nossa "autoria" ocorre num interior de uma cultura que é absorvida desde o nascimento e o desafio não é outro senão este contínuo diferenciar-se, separar-se deste ou destes outros que habitam e viabilizam a aprendizagem humana. Assim como num jogo há a necessidade da presença do adversário para que possa acontecer, nesta caminhada em direção a ser autor-sujeito, precisa-se deste outro que todo o tempo é diferenciado, confrontado, *negatriciado*, enfim, há um outro a ser distinguido e não desconsiderado ou eliminado. Trata-se de um profundo e longo processo de diferenciação e separação deste outro que nos acompanha desde o início.

"Eles se elaboram e exprimem projetos através de uma vida imaginária e de uma função simbólica, que realça bastante a complexidade da linguagem e da comunicação." Ardoino chama a atenção para a necessidade de existência do projeto ao homem que propõe imprimir sentido a sua existência, seguindo as pegadas da proposta existencialista sartriana, como destaca a questão da vida imaginária tão fundamental para se pensar na possibilidade da autonomia e do despertar da capacidade instituinte, como nos ensina Castoriadis. Considerando esta dimensão da imaginação e do simbólico, a comunicação e a linguagem se complexificam quando se pensa em um sujeito com a capacidade de ressignificar, *negatriciar* e negociar sentido com o outro.

Neste espaço e tempo denominado escola, cotidianamente atravessado por conflitos, desencontros, afirmativos de determinados interesses e negadores de outros, mais que tratar tão somente de diferentes posicionamentos políticos ou ideológicos, como temos costumeiramente interpretado, estaremos também refletindo esta hibridação de mitos, crenças, opiniões, normas, proibições e desejos--angústias de transgressão dos quais resultam valores pessoais e culturais. Segundo Ardoino, "conflitos interpessoais que refletem frequentemente, por acréscimo, conflitos intrapessoais de uns ou de outros decorrem disso inevitavelmente". Portanto, no amálgama das relações do dia a dia da escola onde nos aniquilamos e nos construímos (da forma como acontece, mais nos aniquilamos do que construímos; mais nos desfazemos do que o contrário; portanto, está aí uma forma de se fazer às avessas!), o olhar complexo se impõe como necessário para nos aproximar com alguma sutileza e rigor deste instituir-se sujeito numa relação e processo altamente sofisticado em que o outro também se institui como autor e sujeito. Portanto, a abordagem *multirreferencial* nos oferece a possibilidade deste olhar epistemológico, aberto e plural, enquanto modo peculiar de se olhar para o que ocorre no interior de si próprio, ao seu redor, e para as relações que se estabelecem no interior da escola através das quais se busca a formação de sujeitos-autores no que fazem e a partir do que fazem no aqui e agora escolar.

Numa perspectiva de currículo como lugar de formação para a autonomia, a ideia de *negatricidade* apresentada por Ardoino (1998, p. 68) se faz relevante quando se refere ao ser humano portador da capacidade de "desjogar" com a expectativa que lhe é atribuída pelo outro. Isto implica dizer da necessidade de se pensar um currículo que em seu âmago assuma a *negatricidade* como viés que possibilita a heterogeneidade entendida como a presença do outro e constitutivo da autoria. Um autor-cidadão (BARBOSA, 1998, p. 7-13) para quem cidadania se refere à sua atuação no social e autoria enquanto atuação na dimensão interna do sujeito, no que se refere à criação de sentido.

De uma concepção de currículo assim almejada, merecem destaques duas decorrências importantes. A primeira refere-se à necessidade de um olhar plural, *multirreferencial*, para não permanecermos em uma única perspectiva ou dimensão do próprio entendimento de currículo e de suas proposições vitais. Concordando com Macedo (2002), quando nos referimos ao estranhamento do habitual, não significa assumir uma visão mecânica e dual implicando na negação daquilo que lhe é oposto, o habitual; referir-se ao pensar contrário ao convencional não se está automaticamente propondo a negação da importância de uma educação para o já socialmente e culturalmente convencionado. Assim, o que está em questão é a necessidade deste olhar plural no qual esteja presente tanto o habitual quanto a necessidade de estranhá-lo; o convencional e a possibilidade de recriarmos nossas convenções.

A segunda decorrência refere-se à questão do tempo. E de novo iremos precisar da perspectiva do olhar plural para ultrapassarmos essa questão no currículo em sua dimensão do cronômetro, do tempo cronometrado em que as atividades curriculares são propostas e programadas e o tempo do sujeito, o tempo da vida no qual se dará a construção de significados e a possibilidade de criação de sentidos. São tempos de natureza diversa. Os dois são necessários para a existência deste espaço instituído e simultaneamente instituinte a fim de que os atores possam exercitar a aprendizagem e procurarem atender ao que no fundo almejam, que é a condição de autoria ou o exercício da *negatricidade* e diferenciação perante o outro.

Um currículo, assim encaminhado, assume-se na direção afirmativa da heterogeneidade em contraposição a uma homogeneidade tão desejada e tida como referência central na formulação de nossas políticas educacionais quando se enveredam por uma visão quantificada como se fosse possível, num só passe de mágica, tornar todos, ao mesmo tempo, educados e formados para o exercício da autonomia. Uma proposição curricular como consequência de uma perspectiva epistemológica apresentada deve ousar no exercício da descoberta e incorporação de novas linguagens e múltiplos procedimentos de modo a combinar, por um lado, a necessidade de se alcançar um número ampliado de participantes no processo, como também uma dimensão ampliada no que se refere à geografia, aos contextos históricos, sociais e culturais envolvidos e, por outro, a possibilidade de formação do sujeito em sua singularidade e subjetividade sem o que estará falida a proposta educacional em sua finalidade, qual seja, a de ir além da mera aprendizagem intelectual, puramente racional, para uma aprendizagem existencial traduzida como forma de se aperceber como sujeito, portanto partícipe instituinte de uma história individual e social.

O pedagógico como *episteme* e a gestão escolar como negociação de sentidos: inspirações multirreferenciais

Como decorrência do que está posto, vejo como oportuno retomar a ideia do pedagógico como tem sido entendido no contexto educacional comumente relacionado à ideia de ação ou atividade, ou ainda, ação ou atividade do professor somente. No senso comum de todos nós quando pensamos, dizemos ou afirmamos o "pedagógico", referimo-nos ao trabalho do professor exercendo sua atividade de docência em sala de aula. Sendo assim, ações de outros profissionais de natureza diferente, como a do diretor escolar, por exemplo, ficam, em geral, impossibilitadas de se apresentarem como pedagógicas.

Em outras palavras, estou propondo substituir o pedagógico-função pelo pedagógico-*episteme* (olhar). Torna-se urgente apreender a ideia de pedagógico como *episteme*, como visão de mundo, determinada perspectiva, para que possamos identificar e lidar com o caráter pedagógico inerente a qualquer ação relacional. Nesse sentido, a proposição de Ardoino nos auxilia ao destacar a epistemologia como a face escondida da metodologia. Esta contendo aquela; a primeira acrescentando à segunda uma visão de mundo, uma representação do objeto (ARDOINO; BERGER, 2003). Para mim, a pedagogia se distingue menos por um território que por um olhar que lhe é próprio. Nesse sentido, é possível afirmar que existe um olhar pedagógico. É possível afirmar que a pedagogia, de modo especial o pedagógico, distingue-se menos por um território que por um olhar que lhe é próprio. Assim, entendo a existência de um olhar pedagógico como perspectiva, como característica (pedagógica) que se apresenta, ressalta, dá brilho e marca a relação seja do professor, seja do diretor ou coordenador, enfim, em que a finalidade primeira da educação esteja presente, qual seja a formação de si enquanto sujeito-autor com os que atuam nesta mesma relação.

A ideia de autor-cidadão, já comentada anteriormente, ajuda a apreender melhor tal situação complexa, que é dar conta do sujeito a ser visto não só em sua atuação no social, mas também na perspectiva da dobra, incluindo os sentimentos, a imaginação, a psique, enfim, a subjetividade. E por subjetividade estamos compreendendo, acima de tudo, a emergência do sentido e também do projeto, como propõem Ardoino e Castoriadis. Para o segundo, sujeito é aquele que essencialmente faz perguntas e se questiona tanto no *"plano teórico quanto no prático"* e subjetividade é "a capacidade de receber o sentido, de fazer algo com ele e de produzir sentido, dar sentido, fazer com que cada vez seja um sentido novo" (CASTORIADIS, 1992, p. 35).

De início, ao referir-se à complexidade das práticas educativas, Ardoino propunha cinco níveis de análise: o indivíduo, a relação, o grupo, a organização e a instituição. Posteriormente, ele abandona a ideia de nível para assumir a de perspectiva e denominar de abordagem plural/multirreferencial (ARDOINO, 1998, p. 200). Sobre o indivíduo, a relação e o grupo, já tivemos a oportunidade de nos referir; por agora, consideremos as perspectivas organizacional e institucional. O conceito de organização nos remete para a dimensão do funcionamento, desembocando no que todos nós entendemos como busca da eficiência e da eficácia dos processos, tendo em vista a "qualidade" do produto. Já o conceito de instituição possibilita incorporar a dimensão do sujeito enquanto imaginário e sentido. Enfim, a perspectiva organizacional se volta para o "como" funciona e a perspectiva da instituição se preocupa com o "para quem" e o "para quê".

Estar atento para o fato de que a "instituição" não se apresenta como sinônimo de "organização", o que implica dizer, no entanto, que em toda organização está presente a dimensão institucional e vice-versa. A "instituição" refere-se à dimensão simbólica, sendo esta a dimensão fundante do seu conceito. Para Castoriadis (1982, p. 159) no que compartilha Ardoino, "instituição é uma rede simbólica, socialmente sancionada, onde se combinam em proporções e em relações variáveis um componente funcional e um componente imaginário". Instituição refere-se, portanto, a tudo que é instituído pelo homem e que carrega consigo também seu lado instituinte; a dimensão criadora na qual estão presentes os ruídos, os conflitos, o que desestabiliza. A instituição comporta em si o instituído e o instituinte, portanto, referir-se a ela significa considerar a historicidade, o simbólico e o imaginário.

Ao destacar a dimensão institucional, não se coloca em questão a negação da dimensão da organização. É possível considerar uma perspectiva e outra. É a isso que estamos denominando de pensamento plural, este olhar múltiplo de ver a realidade. Como já disse Ardoino (1998), a complexidade é mais uma propriedade do olhar de quem vê do que uma propriedade dos objetos pesquisados. Assim, é possível nos aproximarmos das práticas educativas referentes à gestão escolar com um olhar plural, admitindo diferentes perspectivas de observação e de análise.

Para autores como Jacques Ardoino e René Lourau, trata-se de insistir na questão do sentido. Para eles, tão necessária e legítima a preocupação com a coerência com determinada abordagem científica é se interrogar sobre as significações. Por exemplo, a problemática da avaliação não traz consigo o mesmo sentido que a problemática do controle? E afirmam:

Quanto à inteligibilidade do processo educativo, sublinha--se, assim, a importância do tempo enquanto história e temporalidade, e não somente enquanto cronologia ou cronometria. Como compreender, fora da intuição de uma duração, a importância da perlaboração, da maturação e do desenvolvimento individual e coletivo por intermédio de uma práxis? Trata-se de introduzir uma abordagem dialética da realidade estudada, para a qual a heterogeneidade dos dados (e não mais sua redução à homogeneidade) é postulada como fundamental, mas sempre susceptível de inteligibilidades (Ardoino; Lourau, 2003, p. 39-40).

Pluralizar nosso modo de ver as práticas educativas e administrativas apresenta-se como condição necessária caso se pretenda para o ambiente escolar, não somente um "clima organizacional" de primeira ordem, mas um "clima pedagógico e formativo", portanto institucional, no qual se possa praticar e experienciar relações nas quais seja possível o exercício da condição de sujeitos-autores a partir das relações estabelecidas. Se para a organização o que importa é o ótimo funcionamento da engrenagem, para a visão institucional *multirreferencial* trata-se de perguntar sobre nossa capacidade de atuar junto aos grupos que interagem no interior da escola e sobre nós mesmos, enquanto produtores de sentido.

É neste contexto de análise *multirreferencial* que poderá ser consolidado o pensamento institucional, preocupado em perspectivar a dimensão instituinte, no interior da organização. O olhar institucional irá se voltar para as entrelinhas, para as sombras do cotidiano, no interior das quais o sujeito se apresenta. Na observação de Ardoino e Lourau, é possível constatar, na dimensão organizacional, seu aspecto horizontal de funcionamento e produtividade, enquanto na institucional, seu sentido transversalizado. Para eles, a "reflexão crítica sobre as práticas educativas e os procedimentos escolares deve abarcar ao menos três dimensões, a saber: o material, o social e o inconsciente" (Ardoino; Lourau, 2003, p. 9-10).

O esforço de compreensão/mediação desta abordagem plural, considerando ambas as perspectivas, a organizacional e a institucional, talvez possa ajudar o gestor escolar a desatar o nó em que se encontra envolvido: a dicotomia entre o burocrático e o pedagógico. Se educação deve ser *alteração*, o principal a ser feito deve ser o da superação de uma visão dicotômica/unilateral, que nos faz considerar somente uma perspectiva ou outra. Enfim, o olhar complexo e plural, fundantes do pensamento de Ardoino, poderá contribuir, e muito, para que o diretor da escola supere sua atual condição de refém de uma ação definitivamente burocratizada e castradora da ação pedagógica instituinte.

É nesses termos que o denso pensamento multirreferencial de Jacques Ardoino tem sido um *arkhé* para nossas reflexões, pesquisas e ações formativas.

Referências

ARDOINO, Jacques; LOURAU, René. *As pedagogias institucionais*. São Carlos: Rima, 2003.

ARDOINO, Jacques; BERGER, Guy. Ciências da educação: analisadores paradoxais das outras ciências. In: BORBA, Sérgio; ROCHA, Jamesson (Orgs.). *Educação e pluralidade*. Brasília: Plano, 2003.

ARDOINO, Jacques. A complexidade. In MORIN, E. *A religação dos saberes*: o desafio do século XXI. São Paulo: Bertrand Brasil, 2002.

ARDOINO, Jacques. Abordagem multirreferencial (plural) das situações educativas e formativas. In: BARBOSA, Joaquim Gonçalves. *Multirreferencialidade nas ciências e na educação*. São Carlos: UFSCar, 1998.

ARDOINO, Jacques; BARBIER, René; GIUST-DESPRAIRIES F. Entrevista com Cornelius Castoriadis. In: BARBOSA, Joaquim Gonçalves (Coord.). *Multirreferencialidade nas ciências e na educação*. São Carlos: EDU-FSCar, 1998.

BARBIER, René. *A escuta sensível na abordagem transversal*. In: BARBOSA, Joaquim Gonçalves. *Multirreferencialidade nas ciências e na educação*. São Carlos: UFSCar, 1998.

BARBIER, René. *A pesquisa-ação na instituição educativa*. Rio de Janeiro: Zahar, 1985.

BARBOSA, Joaquim Gonçalves; HESS, Remi. *O diário de pesquisa: O estudante universitário e seu processo formativo*. Brasília: Liberlivro, 2010.

BARBOSA, Joaquim Gonçalves. Multirreferencialidade e educação. *Educação e Linguagem.* Programa de Pós Graduação em Educação: UMESP, v.1, n.1, (2004). São Bernardo do Campo: UMESP, 2004.

BARBOSA, Joaquim Gonçalves. *Autores cidadãos:* a sala de aula na perspectiva multirreferencial. São Carlos. São Bernardo do Campo: UFSCar. UMESP, 2000.

BARBOSA, Joaquim Gonçalves. *Multirreferencialidade nas ciências e na educação.* São Carlos: UFSCar, 1998.

CASTORIADIS, Cornelius. *A instituição imaginária da sociedade.* 3. ed. Rio de Janeiro: Paz e Terra, 1982.

CASTORIADIS, Cornelius. *O mundo fragmentado:* as encruzilhadas do labirinto III. Rio de Janeiro: Paz e Terra, 1987-1992.

FORTUNA, Maria Lucia Abrantes. *Gestão escolar e subjetividade.* São Paulo: Xamã, 2000.

KINCHELOE, Joe L.; BERRY, Katheleen. *Pesquisa em educação*: conceituando a bricolagem. Porto Alegre: Artmed, 2007.

MACEDO, Roberto Sidnei. *Chrysallis, currículo e complexidade:* a perspectiva crítico-multirreferencial e o currículo contemporâneo. Salvador: EDUFBA, 2002.

MORIN, Edgar. *A religação dos saberes:* o desafio do século XXI. São Paulo: Bertrand Brasil, 2000.

MORIN, Edgar. *Sociologia*: Sociologia do Microssocial ao Macroplanetário. Lisboa: Publicações Europa-América, 1998.

PELLANDA, N. M. C.; PELLANDA, L. E. C. *Psicanálise hoje:* uma revolução do olhar. Petrópolis: Vozes, 1996.

PENA-VEGA, Alfredo; NASCIMENTO, Elimar Pinheiro do. (Orgs.). *O pensar complexo*: Edgar Morin e a crise da modernidade. Rio de Janeiro: Garamond, 1999.

Capítulo IV

Jacques Ardoino: espaços de formação, implicação e multirreferência

Sérgio Borba
UFAL

Jacques Ardoino, ao lado de Edgar Morin e Cornelius Castoriadis, é um dos mais sutis e profundos pensadores da epistemologia da complexidade em Ciências Antropossociais e da Educação. Em Ardoino, no embate entre os geômetras e os saltimbancos, o espírito de *finesse* prepondera.

Durante os anos 80 e 90, na formação doutoral do Departamento de Ciências da Educação da Universidade de Paris Vincennes à Saint-Denis, ocorria, todas as quintas-feiras, o Seminário coordenado por Guy Berger, com o título *Análise institucional e multirreferencial dos fatos, das situações e das práticas educativas*. Nesse seminário de altos estudos, Ardoino era uma presença constante e provocante. A formação era constituída pela presença alternada de diversos cientistas do campo das Ciências Humanas e da Educação, entre eles Georges Lapassade, René Barbier, Michel Lobrot e René Loureau, a segunda e fecunda geração de "Paris 8", com fortes heranças dos ideários libertários de maio de 1968.

Para Ardoino (1999, p. 59), a análise multirreferencial das situações, das práticas, dos fenômenos e dos fatos educativos propõe-se explicitamente a uma leitura plural de tais objetos, sob diferentes ângulos e em função de sistemas de referências distintos, não supostos redutíveis uns aos outros. Muito mais que uma posição metodológica, é uma posição epistemológica.

Na abordagem multirreferencial, como também nas diversas abordagens qualitativas, além de articularmos os conteúdos das diversas disciplinas, ou seja, de buscarmos em outras disciplinas alguns conteúdos que nos permitam um olhar novo ao nosso campo de pesquisa, há que trabalharmos nossa relação, nossas linguagens, pois isso intervém nos nossos resultados. Ardoino alerta-nos, ademais, que não se trata apenas de uma aquisição de conhecimentos, de um saber fazer, predominantemente cognitivos, mas levando em conta processos mais explicitamente temporais, relacionais, intersubjetivos de apropriação, de perlaboração e de maturação, implicando aí a afetividade e o registro libidinal, que são, tanto quanto os saberes cognitivos, a elaboração de um "saber-ser" (e vir a ser), a conquista de uma autonomia e a capacidade correspondente de se autorizar que vão efetuar-se no centro de tais processos. Tanto na escala microssocial dos grupos restritos e mais macrossocial no âmbito das organizações e das instituições, a formação dos sujeitos sociais e o desenvolvimento das pessoas efetuam-se através de um jogo complexo de interações e alterações, fora das quais toda mudança seria impossível.

Jacques Ardoino diz-nos que o que é básico, fundamental, ao *trabalho clínico*, à *pesquisa clínica*, é uma sensibilidade, um respeito, um tato, da ambiguidade, do duplo fundo e da hipercomplexidade. Para Ardoino, isso é trabalharmos nos espaços da observação, da articulação, da multirracionalidade, enfim. Ele acentua que antes mesmo da multidisciplinaridade ou interdisciplinaridade, a multiplicidade dos métodos de investigação sempre foi uma das condições fundamentais da ciência e que a crítica, a complementaridade, são necessárias a uma abordagem *clínica* e uma *démarche* problematizante. Ardoino considera que o conhecimento científico, ao invés de ser uma Torre de Babel, deve ser poliglota.

Para Ardoino (1999), há, hoje, uma predominância dos modelos mecânicos sobre os modelos e os conceitos de origem biológica, e isso, percebemo-lo logo quando fazemos uma análise dos conteúdos dos nossos discursos. Para ele, isso é importante, por trás das palavras e das imagens existem, de fato, duas culturas e duas línguas diferentes uma da outra, duas traduções do universo que se superpõem ou se chocam sem se articular jamais. Assim, o modelo predominante é o da máquina e do robô, produzidos pelo homem, mais do que o homem, e por isso teórica e metodologicamente a univocidade se torna o modelo necessário. Dessa forma, descartamos, esquecemos, desconhecemos nossas escolhas pulsionais, nossa temporalidade, nosso inconsciente em ação, agimos a partir da ideia de unidimensionalidade e do controle: é o espaço da lógica, do matema; o espaço é binário e a partir dele tudo que interfere, que perturba é ruído. Ardoino sublinha que a ambiguidade, a ambivalência, a equivocidade não são supostas como tendo existência em si, assimilamo-las ao não conhecido, ao não dominado. Simplificamos o complexo, percebemos somente alguns aspectos de uma situação, os mais mensuráveis, mais óbvios, mais gritantes, mais evidentes, ou seja, exatamente o que engana, o que esconde; sequer a ponta do *iceberg*, mas o espetacular do *iceberg*, ou seja, o que escamoteia, o que blefa.

Os aspectos, as variáveis, mais carregados de semântica epistemológica, de sentido humano, geradores de conflito e de alteridade, não são tocados pelo mecanicismo; a maior parte das vezes nem sequer percebidos, ou se percebidos são menosprezados, seja por razões de conflitos internos ideológicos, seja por interesses de grupos ou de mercado. Ardoino chama a atenção para o fato de que o mecânico é uma simplificação linear e o biológico se caracteriza de forma ambígua pelo vivo e pelo vivido. O vivo introduz a subjetividade; a irracionalidade e o vivido produzem o inconsciente. O mecânico, o pensamento mecânico, crê que pelo afinamento dos instrumentos e das metodologias é que se poderá atingir o conhecimento, dominar a complexidade.

No biológico, a realidade escapa por todos os meios possíveis à sua verdade e se transforma pela simples observação. Daí, a necessidade imperiosa de uma formação em profundidade do pesquisador das Ciências Antropossociais, para que ele possa, ao menos, perceber o inacabamento, o processo, a dialética, a malícia através da qual o fenômeno sempre nos escapa entre os dedos. Há que trabalharmos o luto de um saber total, de uma onipotência qualquer que ela seja. No biológico, no sociológico, no psicológico, na lógica do vivo, na lógica do que vive, Ardoino precisa que o modelo de objetividade não só é ilusório como é mortal, pois que humano, pois que vivo, assim não existe uma verdade estabelecida. A verdade é relativa aos contextos, aos ambientes. A verdade é processo dialético, paradoxal, complexo, mutante, processo marcado pela alteridade, e, principalmente, pela *alteração*.

Nesse sentido, Ardoino não está só, explicitamos que falar de informação implica o risco que deve ser colocado: o de esquecer que, para o psiquismo, nenhuma informação pode ser separada do que chamaremos uma informação libidinal. A partir disso, cabe perguntarmos como tal ou tal situação mexe comigo, afeta-me e como eu reajo a isso. Cabe sentar-me para ver-me passar ou, no dizer de Edgar Morin, o observador deve observar-se enquanto observa. Isso requer uma formação que vá além do saber e do saber-fazer, pois aí estamos apenas no nível técnico do "bom executivo", do "bom burocrata", estamos numa prática, não numa práxis. Na prática, não nos perguntamos pelo sentido do nosso fazer, na práxis perguntamo-nos sobre o sentido do nosso saber e do nosso fazer. Saber esse que Ardoino vai situar em cinco níveis ou perspectivas. De análise centradas: 1- sobre os indivíduos e as pessoas; 2- sobre as interações, inter-relações; 3- sobre os fenômenos de grupo; 4- sobre as modalidades de organização; 5- sobre as instituições.

Nos argumentos de Guy Berger, por exemplo, a prática em Ardoino é sempre *práxis*, ou seja: é uma prática que não é a ação de um sujeito transformando o mundo, mas a ação de um sujeito transformando-se no processo de transformar o mundo. Dessa forma, Jacques Ardoino (1980, p. 56) coloca a questão do sujeito, pois o sujeito se faz ao fazer-se, transforma-se ao agir sobre o mundo; é a questão do político. Porque agir sobre o mundo é da ordem do político. Nesses mesmos argumentos, Berger alerta que a noção de *multirreferencialidade* em Jacques Ardoino não se situa no campo da pluridisciplinaridade e sim no da linguagem como um tipo de condensador sociocultural no qual se inscrevem sucessivamente certo número de traços, neles alguns são derivas; traços que são irrecusáveis, irredutíveis e que funcionarão à nossa revelia. Creio que há uma relação muito forte entre essa concepção da linguagem, tomada na sua temporalidade, e, por outra parte, o trabalho psicanalítico, mais precisamente a questão da condensação psicanalítica. Há uma relação muita profunda entre essa ideia de troca de sentido, de condensação, de presença permanente de todos os eventos, de todos os elementos que constituem o processo e que, ao mesmo tempo, articulam-se entre si, e, em certos casos, fundem-se. Creio que é sobre a noção desse processo que se faz a *perlaboração*, que se inscreve a *multirreferencialidade*. Guy Berger (2009) realça, ainda, que na *multirreferencialidade* não se trata de mobilizarmos certo número de campos de conhecimento que viriam de forma encantatória em socorro da análise de uma situação plural e heterogênea. Ela está no processo do pensamento, na mobilização do pensamento fazendo-se. E, ainda, segundo este coautor da epistemologia da *multirreferencialidade*, esse pensar pluralista não é uma espécie de agrupamento, *a priori*, de um certo número de competências estruturadas, situa-se no movimento da pesquisa. É uma exigência do saber, imperiosa. Parte-se da premissa que a exigência de saber é sempre inacabada, sempre insatisfeita, e aqui encontramos essa espécie de diálogo entre a falta e a perda, e, por outro lado, que na resposta a essa falta, ao mesmo tempo, é preciso saber. Mas não saberemos tudo, isso quer dizer que na reparação da falta, há a aceitação da perda e não a sua negação. Em Jacques Ardoino, se o espaço se preenche, a falta não será jamais preenchida, sendo, como o desejo, a origem mesma de todo trabalho intelectual. O fundante do saber não resulta jamais num domínio do saber, isto é, um saber do qual teríamos a totalidade das significações, as raízes e os resultados, mas, em certo sentido, o saber compreende a falta, não a falta de conhecimentos, mas a falta de consciência. Compreende também, portanto, o inconsciente, a pulsão, significações presentes ou futuras e, por consequência, o que não possuímos jamais, como nos sugere Guy Berger.

Referências

ARDOINO, Jacques. *Education et relations:* introduction a une analyse plurielle des situations educatives. Paris: Gauthier-villars/UNESCO, 1980.

ARDOINO, Jacques. *Psicologia da educação:* na universidade e na empresa. São Paulo: USP/Herder, 1971.

ARDOINO, Jacques. *Éducation et Politique.* Paris: Anthropos, 1999.

BERGER, Guy. Disponível em: http://www.fp.univ-paris8.fr/recherches/ColloqueJA1erjour.html.2009. Acesso em: 30/09/2007.

| Capítulo V

Pensar a Multirreferencialidade

Jacques Ardoino[1]
Tradução de Sérgio Borba

A análise multirreferencial das situações, das práticas, dos fenômenos e dos "fatos" educativos propõe-se explicitamente a uma leitura plural de tais objetos, sob diferentes ângulos e em função de sistemas de referências distintos, não supostos redutíveis uns aos outros, eventualmente reconhecidos mutuamente heterogêneos. Muito mais do que uma posição metodológica, é uma posição epistemológica. A educação, definida como uma posição social que engloba, perpassando o conjunto dos campos das Ciências do Homem e da Sociedade, interessa, consequentemente, tanto ao psicólogo quanto ao psicólogo social, ao economista, quanto ao sociólogo, ao filósofo, ao historiador, etc., etc., poderia, dessa forma, ser apreendida em toda sua complexidade. É essa última noção, de fato, que, graças ao desenvolvimento da antropologia contemporânea, parece-nos mais apropriada a fundar a necessidade de uma abordagem *multirreferencial*, introduzindo-nos numa *epistemologia plural*.

---

[1] Professor emérito da Universidade de Paris Vincennes à Saint-Denis

As ciências positivas recortam o real e "constroem" literalmente os "fatos", as "leis" e as teorias, mas seu "desafio" é sempre o da decomposição (é a etimologia do termo "análise"), da divisão, da pesquisa de elementos mais e mais simples, supostos mais e mais fundamentais, cuja combinação daria conta das propriedades do conjunto (conforme o enunciado cartesiano: "o todo é a soma das partes").

Essa forma analítica "clássica" fundada sobre a hipótese de uma redução sempre possível do complexo, mesmo do "complicado", ao elementar, e, em consequência de um retorno do heteróclito (mais ou menos confundido com o heterogêneo) ao homogêneo, gostaria de estabelecer, ao mesmo tempo, uma fronteira útil entre a opinião vulgar, a *doxa*, as crenças, os mitos, todas as formas de indulgências pré-científicas e os enunciados do saber, permitindo a administração da prova e o todo caucionado por uma coerência axiomática. Em função disso, as outras formas de reflexão, no entanto racionais, não podiam ter a ocasião de confrontarem-se aos enunciados ditos científicos. Elas permaneciam, por isso, da ordem da filosofia, da arte, da poeticidade, do romance ou do discurso; assim como as fenomenologias, as abordagens hermenêuticas, a psicanálise nascente, as sociologias críticas, etc. O que era provado era preferido sobre o que era sentido.

Tudo o que pudesse colocar em jogo o imaginário era, então, classificado como reflexo, ilusão. A opacidade, a complexidade eram ou consideradas como um estado somente provisório do objeto, então redutíveis em elementos mais simples pela análise, ou então abandonadas às trevas exteriores, fora da razão. Dito de outra forma, o objeto de conhecimento era suposto fundamentalmente susceptível de transparência, assim que um trabalho conveniente do espírito, metodologias adequadas, teriam que se livrar das ilusões sensíveis e de tudo que pudesse ainda o encobrir, sobrecarregar, deformar. Por transparência, é necessário, aqui, compreender, para além daquilo que pode ser percebido pelo olhar, totalmente descrito, definido ou inspecionado, segundo o sentido corrente, o que pode ser construído, efetivamente, fisicamente, ou idealmente, e, ainda, desconstruído (decomposto) e reconstruído idêntico, com todas as suas propriedades, pelo espírito conhecedor. Nesse sentido, um objeto matemático: número, espaço, volume, função, é totalmente construtível-desconstrutível-reconstrutível, de uma forma ainda mais geral, é o produto de uma combinatória ou de uma axiomática. Assim também uma máquina, por mais complexa que seja, é vista como transparente (apesar da noção de "caixa preta" forjada, primeiro, pelos cibernéticos, retomada e utilizada em seguida pelos tecnicistas). Aquele que concebe, o construtor, o reparador e o utilizador podem conhecê-la quase completamente, cada um segundo suas próprias entradas. Nesse sentido, não é mais o olhar, mas o "espírito", a inteligência, que poderiam "perpassar" mais ou menos a "coisa".

Notemo-lo, já, aqui, que não há coincidência possível entre uma tal leitura e o fenômeno vivo, e, mais especificamente ainda, humano e social. Para não limitarmo-nos a esses exemplos, as desventuras do Banco Barhing, na Inglaterra, e, dez anos mais tarde, na França, da Société Générale, bastam para mostrar-nos o caráter em parte imaginário da noção de transparência e da ambição de controle e domínio que a acompanha. Esse tipo de redução não é mais legítimo. Obviamente a inteligibilidade dos fenômenos vivos consiste, também, em reconstruir, em "formalizar", em "modelizar" e às vezes em esquematizar a ideia que nós fazemos de seu suposto funcionamento; no entanto um tal trabalho de análise e de síntese, a decomposição abstrata ou concreta, por exemplo, a dissecação do organismo vivo, resulta sempre na evaporação, no desaparecimento das propriedades e das características as mais específicas e as mais globais do objeto de tais investigações: a vida, a consciência, notadamente aquelas que se estabeleceram, geradas, construídas a partir de efeitos não planejados, após os fatos, de forma recursiva. Retomaremos isso. Dizer que o que é especificamente humano é sempre, também, naturalmente opaco, requer tanto, senão mais, de uma hermenêutica quanto de um procedimento explicativo, é insistir sobre o caráter ao mesmo tempo objetivo e subjetivo, implicado e sobretudo polêmico do universo ao qual ele pertence. Uma reflexão crítica e epistemológica sobre a ciência pode, assim, requerer uma certa reabilitação da ambiguidade, da ambivalência e da complexidade.

Quaisquer que sejam os determinismos que condicionam e podem explicar seus modos de funcionamento, o ser humano tem em si (auto) um poder de negação, de contraestratégia que lhe dá, ao menos em parte, a inteligência desses determinismos e uma certa capacidade de a eles reagir, de a eles se adaptar e mesmo de os enfrentar ou de os transformar (*negatricidade*). Dito de outra forma, como Edgar Morin procurou colocar em evidência, os fenômenos de recorrência, de retroação têm uma importância muito grande em um tal universo, já temporal e histórico, do que nos "espaços" ou extensões lógico-matemáticas, ou físico-mecanicistas. A opacidade, parente próxima, aqui, da poeticidade (*poiésis*) é talvez o reconhecimento, também, de papéis e de funções de uma atividade imaginária, sem aceitar, no entanto, um retorno à magia das origens. Esse reconhecimento da opacidade é lembrança, ênfase, das particularidades da intimidade. Isso corresponde exatamente ao que outros, tais quais os etnometodólogos contemporâneos, definem como indexicalidade. Nesse sentido, a explicitação e a elucidação, sempre mais ou menos tributárias da hipótese da eficácia própria, são completamente outra coisa, diferente da ex-plicação. Reencontramos, então, a distinção já estabelecida, no último século, pela escola hermenêutica alemã, notadamente por Dilthey, entre ciências da explicação e ciências da compreensão (poderíamos, da mesma forma, falar de ciências da im-plicação, o papel da "*pliure*" dentro ou fora, sugerido pela etimologia, não sendo aqui, de forma alguma, negligenciável).

Apesar das tentativas para decalcá-las, mais ou menos, a partir do "patronato" das ciências exatas, não podemos mais nos contentar, nos dias de hoje, ao risco de distorcer excessivamente o sentido, de um agir somente "positivista" no quadro das ciências antropossociais, no centro das quais seria preferível distinguirmos os diferentes "olhares" que buscam dar conta cientificamente dos fenômenos que interessam tanto à educação quanto às outras práticas.

Visto que, precisamente, seu objeto, ao mesmo tempo individual e coletivo, o homem, não é indiferente às produções de saberes que o concernem, há reação por parte dele, ele interfere constantemente com os dispositivos de análise e de investigação que lhe serão aplicados, perturbando-lhes o funcionamento. Caso convenhamos que a pesquisa é uma estratégia de conhecimento, é necessário saber que um tal "objeto-sujeito" (que tornar-se-á, além disso, projeto) é sempre capaz, conscientemente ou inconscientemente, de criar contraestratégias apropriadas. Essa capacidade de negatricidade, por ser própria do vivo, *a fortiori* do homem, não pode, jamais, ser totalmente eliminada de um processo científico que não queira se limitar unicamente aos comportamentos observáveis, mesmo "objetiváveis" ou às análises estatísticas. É necessário, também, levar em conta a dimensão do sujeito.

Ao especificar os fenômenos bioantropossociais, Edgar Morin os caracteriza como hipercomplexos. A noção de complexidade mereceria, por si só, um amplo desenvolvimento, principalmente para deixar de ser, ou de parecer, a panaceia, o brinquedo da moda, que invocam, muito voluntariamente, sem compreendê-la muito bem, numerosas correntes modernistas. Digamos aqui, em algumas palavras, que ela se opõe à ambição simplificadora, bem marcada pela analítica cartesiana (dividir a dificuldade...). É toda a crítica da forma de pensamento disjuntivo e disciplinar que marca ainda nosso conhecimento e as principais correntes de pesquisa de nosso tempo. Reconhecer a complexidade como fundamental em um domínio de conhecimento dado é, portanto, ao mesmo tempo, postular o caráter "molar" da realidade estudada e a impossibilidade de sua redução por recortes e redução em elementos mais simples. Entretanto essa impossibilidade de separar ou de decompor os "constituintes" de uma realidade complexa não interdiz, de modo algum, a demarcação ou a distinção, efetuadas pela inteligência, no centro de tais conjuntos, a partir de abordagens, de métodos e de dispositivos apropriados. Isso supõe uma "visão" "sistêmica", compreensiva e hermenêutica das coisas, das situações, através das quais os fenômenos de relações, de interdependência, de alteração, de recorrência, criando, eventualmente, propriedades quase-holográficas, tornam-se preeminentes para a inteligibilidade.

Reconhecer e postular a complexidade de uma realidade é, também, admitir sua natureza homogênea e heterogênea, sua opacidade, sua multidimensionalidade, exigindo, então, para uma compreensão mais apurada, uma *multirreferencialidade*. Nesse sentido, a ideia mesma de complexidade se opõe evidentemente ao ideal, ainda mais suspeito que ingênuo, de transparência veiculada pelas tecnocracias contemporâneas. Mas não devemos nos enganar: a hipótese da complexidade não significa, de forma alguma, um retorno a uma posição agnóstica, mística ou simplesmente mágica. É preciso compreendermos um chamamento a outras formas de racionalidade, necessárias para sairmos dos descaminhos e impasses de um pensamento simplificante, outra forma de barbárie moderna.

Essa complexidade apresenta-se, às vezes, enquanto "multi" ou "pluri" dimensionalidades atribuídas ao objeto. A partir do(s) olhar(es) que propõe-se abarcar esse tema, é, do nosso ponto de vista, preferível falar de *multirreferencialidade*. Essas duas noções não devem ser confundidas. Para explicar brevemente a diferença, tanto uma quanto a outra podem reivindicar igualmente a noção de complementaridade. No entanto essa noção engloba conteúdos muito diferentes. Se falo de dois "ângulos complementares" cuja soma resulta em um ângulo reto, a complementaridade que evoco é a de dois subconjuntos homogêneos um ao outro. Quando dizemos que os diferentes "sentidos" (o ver, o ouvir, o tocar, etc.) são complementares, falamos de realidades mais heterogêneas entre elas, mas que permanecem, entretanto, pré-coordenadas, organizadas por um sistema nervoso central.

Quando, enfim, queremos sublinhar a importância de perspectivas complementaristas para a inteligibilidade dos fenômenos, no quadro das Ciências Antropossociais e da Educação por exemplo, fazendo apelo a sistemas de referência, a matrizes de leitura, diferentes (psicológicos, psicossociais, sociológicos, pedagógicos), a complementaridade é, aqui, a de conjuntos fundamentalmente, mesmo irredutivelmente, heterogêneos. O trabalho de análise consiste menos em tentar homogeneizá-los, ao preço de uma redução inevitável, que em buscar articulá-los e mesmo a conjugá-los. Essa perspectiva supõe evidentemente o luto de um *monismo* tenaz na nossa cultura. Desenvolvemos, assim, um modelo de inteligibilidade das práticas educativas, distinguindo "olhares" centrados sobre os indivíduos ou pessoas (perspectiva psicológica), sobre as interações e sobre os grupos (perspectivas psicossociais), sobre as organizações e as instituições (perspectivas mais sociológicas) em harmonia com seus sistemas próprios de referência. O complementarismo de G. Devereux é uma outra forma de multirreferencialidade. Por sua vez, a abordagem etnometodológica das práticas sociais pode ser reconhecida como plural pelo fato mesmo da ideia de indexicalidade.

Tanto a análise multirreferencial aplicar-se-á à inteligibilidade dos conceitos e das noções quanto à das situações. É necessário, de fato, estarmos bem conscientes de que a maior parte dos trabalhos sobre a educação porta sobre práticas sociais, muito mais que sobre fenômenos, "propriedades" do inerte ou do vivo, fatos, tais como usualmente os compreendemos. Por isso, a análise não se define mais, como tradicionalmente, por sua capacidade de cortes, de decomposição, de divisão-redução em elementos mais simples, mas por suas óticas de "compreensão" e de "acompanhamento" dos fenômenos vivos e dinâmicos aos quais ela se interessa.

Há que distinguirmos entre:

- *uma multirreferencialidade da compreensão*, ao nível da *abordagem clínica*, forma de escuta destinada à familiarização dos atores da intervenção com as particularidades indexicais e simbólicas, e, também, com as significações próprias dos lugares-comuns, das formas triviais, mobilizadas espontaneamente pelos seus pares;

- *uma multirreferencialidade interpretativa*, exercida igualmente ao nível das práticas, a partir de dados precedentes e objetivando, através da comunicação, um certo tratamento desse material;

- *uma multirreferencialidade explicativa*, mais interdisciplinar, orientada para produção de saberes. Temos, aqui, uma dificuldade do pensamento: a heterogeneidade evidente entre as multirreferencialidades compreensivas e interpretativas, por um lado, ligadas à escuta e ordenadas segundo a temporalidade, e a multirreferencialidade explicativa (supondo, ela mesma, referenciais heterogêneos exteriores) sempre ordenada por uma espacialização, ao menos ideal. E, também, o problema da escuta e da observação: essa mais associada à abordagem experimental, aquela intimamente ligada à *abordagem clínica*.

Transformado, devido a um clima político voltado à descentralização, em unidade operacional do sistema educativo (assim definido como Aparelho de Estado), o estabelecimento escolar, constitui assim, nos dias de hoje, por exemplo, um objeto de estudo ou de pesquisa para o sociólogo, para o psicossociólogo, para as Ciências da Organização e da Gestão e para a economia. Independentemente do fato de que ela é, antes de tudo, a instância local, geograficamente situada, de uma instituição nacional. A inteligência e a compreensão do seu funcionamento enriquecer-se-ão incontestavelmente caso ele seja efetivamente tomado em consideração a partir de várias leituras.

O estabelecimento escolar é, evidentemente, uma organização (no sentido que os autores americanos dão hoje a esse termo), quer dizer, um conjunto organizado de funções interdependentes, em vista da realização pensada como estratégias, de certas tarefas formuladas em termos de objetivos. Por isso, os tipos de leitura, em função dos quais esse objeto vai ser observado, oscilarão entre os modelos de administração indicados por Henri Fayol, aos quais o estabelecimento escolar ainda é feito para obedecer e os de uma administração anglo-saxônica, produto de importação mais recente, do qual parecemos esperar muito magicamente efeitos de modernização.

Em todos esses casos, a história, a temporalidade, a duração não são consideradas, julgadas boas para contribuição ampla à inteligibilidade dos dados. Já a cronologia e a cronometria conservarão seus lugares. O estudo do fenômeno burocrático, pela escola francesa da sociologia das organizações, a isso se aplicará muito bem, identificando e descrevendo os conflitos de poder que aparecem sob a aparente racionalidade do mesossistema. Se os efeitos de sentido reencontram um *status,* no centro dos efeitos de força, no "entre-dois" do formal e do informal, isso será preferencialmente reflexo ou sintoma. As ciências da organização, a intervenção psicossociológica, as técnicas de gestão, a microeconomia, a praxiologia, conjugar-se-ão, facilmente, em uma tal perspectiva, querendo, principalmente, privilegiar os agentes, negligenciando os aspectos psicológicos mais finos, como as necessidades, os desejos e as angústias, a vida inconsciente das pessoas, o imaginário, as motivações, as crenças, as opiniões, etc.; correspondendo num mais alto grau ao que nós distinguimos como autores e a problemática da *autorização,* diferente das dimensões macrossociais, institucionais e políticas, que sobrecarregam esses perímetros sobretudo voltados à inovação e à otimização. As referências à mecânica, com a imagem da máquina, ou à biologia, com a ideia dos animais-máquinas, criarão uma esperança de reparação, chegando mesmo à analogia com a patologia e os cuidados medicalizados. Esse conjunto pode, observemo-lo, funcionar independentemente de outras leituras, com a sua lógica própria. É justamente esse caráter quase-axiomático que fará tender de forma contínua em direção à sua autonomização e à sua reificação.

No entanto, o estabelecimento escolar, ainda que dispondo de uma autonomia relativa, é uma parte de um todo mais vasto, *a* instituição. Essa dispõe de uma autoridade e de uma legitimidade social. Ela exerce um poder, mas também uma autoridade. Sua natureza é jurídica e, finalmente, mais simbólica que funcional. Exprime-se através de um fazer social-histórico postulando uma dialética do instituído e do instituinte. Seu sentido, para além dos programas, é sempre o de um projeto-visão. As finalidades políticas, mesmo ocultas, cujos objetivos tornar-se-ão traduções estratégicas, evocam uma intencionalidade sobretudo coletiva, mas, por outro lado, o conhecimento das implicações diversificadas dos atores buscará estabelecer uma ponte entre o macrocosmo dos sociólogos e o microcosmo dos psicólogos. A história situa-se no centro de tais processos. O reconhecimento das relações de força e dos interesses de classe darão a essa representação da realidade social um caráter naturalmente polêmico (conflitos sociais). A análise institucional, as sociologias clínicas, mesmo militantes, parecem-nos mais apropriadas à descrição e à análise dessa outra versão.

Finalmente, o estabelecimento escolar é um lugar de vida, uma comunidade, reunindo um conjunto de pessoas e de grupos em interações recíprocas. As relações que tecem o vivido coletivo, no passar de situações sucessivas, inscrevem-se em uma duração carregada de história (e de "estórias" constituindo um contencioso entre os protagonistas) e se encontram tanto determinadas pela dinâmica das pulsões inconscientes e da vida afetiva, pelo jogo dos fenômenos transferenciais e contra-transferenciais, pela incidência das implicações ligadas aos papéis ou às afiliações, pelo peso próprio das estruturas psíquicas, pelos vieses específicos provenientes das bagagens intelectuais de uns e de outros, quanto pela lógica de um sistema que deseja repartir funções e assinalar tarefas para o bom desempenho de suas missões. Em uma tal comunidade os atores aspiram sempre, uns mais, outros menos, tornar-se autores. Por isso se elaboram e se exprimem projetos através de uma vida imaginária e uma função simbólica, colocando em relevo a complexidade da linguagem e da comunicação, que não poderíamos mais confundir, então, com a complicação de uma informação mais sofisticada. Nisso se encontram imbricadas, mas também, por interferência, aí se efetua uma "quase-anastomose", uma hibridização, a partir de mitos, de crenças, de opiniões, de normas, de interditos, de desejos-angústias e de transgressão, resultantes de valores pessoais e culturais, etc. Conflitos interpessoais, refletindo, com frequência os conflitos intrapessoais de uns e de outros, surgem inevitavelmente. As abordagens psicológicas, psicossociais ou psicanalíticas, darão, incontestavelmente, melhor conta desses últimos aspectos.

A síntese das aproximações dessas diferentes versões, tomados os objetos, a partir dessas diversas perspectivas, não deveria, do nosso ponto de vista, efetuar-se sem graves riscos de mutilação da realidade, a partir de um só referencial, com uma linguagem única.

Da mesma forma, querer analisar a relação de autoridade entre coordenadores e subordinados, ou entre professores e alunos, com toda a carga psicoarcaica que ela comporta, considerando as relações de poder que os mesmos protagonistas podem simultaneamente, entreter, sem prejuízo, de fenômenos igualmente específicos, mas, ao mesmo tempo, pessoais e grupais ou coletivos, de *leadership*, de influências dominantes, de prestígio, podendo interferir com o precedente, supõe, também, tais esclarecimentos múltiplos. É o levar em conta as disciplinas fronteiriças. O estudo da autoridade (resultando na problemática da autorização) não permite, nunca, desembaraçarmo-nos de fato, de um registro imaginário no qual a pré-história dos sujeitos, as imagens dos pais, e seus diferentes substitutos terão um lugar preponderante, enquanto que o exame crítico das relações de poder não pode ser abordado senão no quadro de uma análise social, às vezes mais organizacional e funcional, outras mais institucional e política.

Por sua vez, o *leadership* não se tornará realmente inteligível se não em referência a um modelo Lewiniano do "campo", ao analisar a dinâmica de um grupo restrito.

O problema é que esses processos, esses fenômenos, esses fatos, assim identificados e reconstruídos, não se encontram jamais em estado puro nos materiais oferecidos à pesquisa pelas práticas sociais. Eles interagem, uns com os outros, e se desenvolvem em função desse tecido de contatos e de relações.

As questões teóricas ou práticas que a atualidade nos conduz a formular põem-nos efetivamente no acaso. Nossas formações primeiras nos levam "a pesquisar" a(s) causa(s) de tais eventos nos registros que nos são familiares ou simplesmente acessíveis. Por que a catástrofe de uma arquibancada que desaba no estádio de futebol de Furiani, na Córsega? Por que uma explosão de violência na Califórnia? Permanecemos mais facilmente limitados a um elemento provocador, detonador, identificado: turbulência excessiva dos torcedores nesse dia; a negação da justiça, dada por um tribunal, etc. Ora, nesses tipos de fenômenos, o que emerge é todo um conjunto de variáveis, de fatores determinantes, de parâmetros, de condições, de intencionalidades, de ordens, o mais frequentemente inscritos, às vezes, em temporalidades, sem relação uns com os outros, que interferem e se combinam para um tal efeito.

O procedimento multirreferencial não se limita, evidentemente, só às Ciências da Educação. Essas constituem bem um campo de primeira escolha para a sua ilustração devido à complexidade de suas problemáticas e de suas práticas (o que supõe separarmos a educação do perímetro muito restrito da instrução escolar, e, mesmo de uma formação ampliada às dimensões de uma educação contínua dos adultos). No entanto outras disciplinas pertencentes aos domínios das Ciências do Homem e da Sociedade (antropossociais), poderão, também, dela beneficiar-se (notadamente a psicologia e a sociologia, a antropologia e a etnologia). Nisso situa-se, também, o "complementarismo" de Georges Devereux, mais circunscrito, no entanto, à articulação do psíquico ao social.

Referências

ARDOINO, Jacques. *Education et Politique.* Paris: Anthropos, 1999.

ARDOINO, Jacques. *Education et Relations.* Paris: Anthropos-Aeconomica, 2000.

ARDOINO, Jacques. "L'analyse multiréférentielle". In: Weigan/Hess/Prein, *Institutionnelle analyse*, athenaum monografien, Sozialwissenschaffen. Frankfurt: Athenaum, 1988.

ARDOINO, Jacques. "Vers la multiréférentialité". In: *Perspectives de l'analyse institutionnelle*, collection analyse institutionnelle. Paris: Méridiens Klincksieck, 1988.

ARDOINO, Jacques. "L'analyse multiréférentielle des situations sociales". In: *Psychologie clinique*, n° 3, 2003, p. 56-79.

ARDOINO, Jacques. "L'approche multiréférentielle" In: ARDOINO, J. *Les avatars de l'éducation.* Collection éducation et formation. Paris: PUF, 2000.

DEVEREUX, George. *Essais d'ethno-psychanalyse complémentariste.* Paris: Flammarion, 1972.

CONSIDERAÇÕES CONCLUSIVAS

Falamos em muitos momentos dos nossos textos sobre a *multirreferencialidade*, ressaltando que efetivamos por aqui uma certa devoração da teorização multirreferencial de Jacques Ardoino, na medida em que imaginamos, como compreende essa própria perspectiva, que qualquer pretensão de purismo no mundo da mimese é uma forma de delírio. É tomando este processo já pluralista de devoração, que realizamos uma das formas possíveis de hibridização deste conceito. Mas é pensando no processo de contextualização/descontextualização/recontextualização da perspectiva *multirreferencial* que por aqui engendramos, que nossa provocação dialógica e dialética tentou se colocar, configurando questionamentos como: tomando os nossos contextos práxicos de educação, como perspectivamos a pertinência epistemológica, ontológica e formativa do pensamento de Ardoino? Onde ancoram as suas principais contribuições no que concerne a uma ética, uma política e uma estética da formação? Que aportes se configuram no seu pensamento para o debate sobre as Ciências da Educação e Antropossociais entre nós?

Do nosso lado, vivemos num país configurado por culturas que se apresentam nas organizações educacionais há séculos, percebidas como portadoras de referências menores, insignificantes, ameaçadoras, escandalosas, sujas, mal-educadas, incivilizadas, inconvenientes, incapazes, que não raro deverão ser rejeitadas ou vomitadas pelos currículos escolares (desajustados, negros, homossexuais, prostitutas, índios, trabalhadores, ciganos, drogados, pobres, etc). Falamos de uma educação multirreferencializada, onde a heterogeneidade aparece pela irredutibilidade e pela composição, marcada por um inacabamento ontológico, e, portanto, por uma tragédia também inarredável. Este pensar emerge para nossa práxis curricular e formativa como um *arkhé* no campo das Ciências da Educação e das situações e práticas educacionais, acrescendo a este sistema de ideias conceitos potentes em termos político-epistemológicos e político-educacionais, como os de *autorização, implicação, negatricidade* e *alteração.*

O que a perspectiva *multirreferencial* produz entre nós é uma convocação veemente e desafiante para aprendermos a lidar com a pluralidade nas suas mais (in)tensas formas de criar a diferença, nos seus mais densos e cruéis jeitos de originar e originalizar a formação pela atualização da heterogeneidade irredutível como modo de *alter-ação.*

Se lesse nossos textos contrastando-os com o seu próprio, Ardoino por certo perceberia a pertinência da nossa intenção, mas também colocaria sobre eles um olhar inquieto, provocando-nos mais uma vez, e mais uma vez. Falamos, portanto, de um educador e epistemológico que sempre quis a via da formação pela provocação, pela inquietação incessante, pela traição epistemológica, face às expectativas colocadas.

Diabolus habitará sempre seu atento olhar dialógico e dialético em favor do heterogêneo. Ardoino é a própria heterogênese encarnada, indexicalizada à sua bacia semântica, à sua história de jovem atormentado com uma infância e uma juventude incertas e sofridas, mas também e por isso, a uma adultez provocante e fecunda em termos formativos. Ardoino rejeita a maturidade e a velhice, estando nelas, pois as considera, do alto da sua pretensa autoridade, arrogantes.

Nosso autor sofre hoje com uma saúde debilitada e incapacitante, mas seu pensamento, como nos diz seu mais antigo colega e amigo Guy Berger, não admite o conforto da pretensa estabilidade da maturidade e do envelhecimento. Neste registro ainda cultiva *une jeunesse* que inquieta, desloca, destrivializa, resultante de seu gosto público pelo que é do âmbito da duração, do movimento, da provocação, como pautas epistemológicas, educacionais e formativas.

Os organizadores

Cronologia

Nascido em Paris, em 6 de março de 1927.

Formação

1949-1950: Licenciado em Direito e em Filosofia pela Universidade de Rennes.

1950: Diploma de Estudos Superiores em Filosofia pela Universidade de Rennes.

1966: Doutorado de Terceiro Ciclo em Estudos Socioeconômicos pela Universidade de Bordeaux.

1973: Doutorado de Estado em Letras e Ciências Humanas pela Universidade de Caen.

Funções

1956-1967: Professor assistente da Universidade de Bordeaux.

1972-1974: Mestre Assistente em Ciências da Educação da Universidade de Paris Vincennes à Saint-Denis, "Paris 8".

1978: Professor *Seconde Classe* de Ciências da Educação da Universidade de Caen.

1986: Diretor responsável pela formação doutoral em Ciências da Educação da Universidade de Paris Vincennes à Saint-Denis, "Paris 8".

1989: Professor da Universidade de Paris Vincennes à Saint-Denis, "Paris 8".

1990: Presidente fundador da Associação Francofone Internacional de Ciências da Educação (AFIRSE), junto com Gaston Mialaret.

1995: Professor Emérito da Universidade de Paris Vincennes à Saint-Denis, "Paris 8".

1996: Membro da formação em Ciências da Educação das Universidades de "Paris 8", Caen e Aix-Marseille.

1996: Encarregado da Missão junto à Direção de Professores do Ensino Superior do Ministério da Educação da França.

1998-2000: *Expert* junto à Direção de Ensino Superior para Habilitação em Ciências da Educação.

Condecorações

1985 - Cavaleiro da Ordem das Palmas Acadêmicas.

2006 - Cavaleiro da Ordem da Legião Honorária Acadêmica.

PRINCIPAIS LIVROS

Livros individuais

- *Education et politique: pour un projet d`éducation socialiste.* Paris: Gauthier-Villar. Collection Hommes et Organisations, 1977.

- *Propos actuels sur l`éducation: contribuition a l`education des adultes.* Paris: Gauthiers-Villars Collections Hommes et Organizations, 1978.

- *Éducation et relations: introduction a une analyse plurielle des situations educatives.* Paris: Gauthier-Villars/UNESCO, 1980.

- *Les avatars de l´éducation: problématiques et notions en devenir.* Paris: PUF, 2000.

- *Para uma Pedagogia Socialista.* Brasília: Plano, 2003.

Livros escritos em conjunto

- Com René Lourau. *Les pedagogies institutionnelles.* Paris: PUF, 1994

- Com André Peretti. *Penser l`hétérogène.* Paris: Desclée de Brouwer, 1998.

- Com Gaston Mialaret. *Actes du colloque les nouvelles formes de la recherche en éducation au regard d`une Europe en devenir.* Paris: Matrice-ANDSHA/A.F.I.R.S.E, 1990.

- Com Guy Berger. *D' une évaluation en miettes à une évaluation en actes: le cas des universités.* Paris: Matrice/ANDSHA, 1989.

Livros e revistas sobre a obra e a vida intelectual

- Revista *Pratiques de Formation. Analyses. Le devenir de la multiréférenciliaté: homage à Jacques Ardoino.* Número 36, fevereiro de 1999.

- VERRIER, Christian. *Jacques Ardoino*: pédagogue au fil du temp. Paris: Téraèdre, 2010.

- CAMPINI, Christine. *Jacques Ardoino, entre éducation et dialectique*: un regard multiréférentiel. Paris: Editora Harmattan, 2010.

COLETÂNEAS SOBRE A MULTIRREFERENCIALIDADE

BARBOSA, Joaquim Gonçalves. (Org.) *Multirreferencialidade nas ciências e na educação*. São Paulo: UFSCar, 1998.

BARBOSA, Joaquim Gonçalves. (Org.) *Reflexões em torno da multirreferencialidade*. São Paulo: UFSCar, 1998.

PRINCIPAIS SITES RELACIONADOS
À VIDA E À OBRA DE JACQUES ARDOINO

<http://www.barbier-rd.nom.fr/jacques.ardoino.accueil.html>
- Refere-se às obras de Jacques Ardoino e do seu colega do
Departamento de Ciências da Educação na Universidade de
"Paris 8", René Barbier.

<http://www.wook.pt/ficha/jacques-ardoino-entre-educa-
tion-et-dialectique-un-regard-multireferentiel/a/id/10746206>
- Veicula as obras de Ardoino, principalmente as que trabalham com o conceito de *multirreferencialidade,* bem como
dados da sua biografia.

<http://jacques.ardoino.perso.sfr.fr/> - Site fundamentalmente
biográfico de Jacques Ardoino.

<www.univ-paris8.fr> - Site da Universidade de Paris Vincenne
à Saint-Denis (Paris 8), onde pode-se encontrar um conjunto de
informações sobre o Departamento de Ciências da Educação
desta Universidade, bem como sobre o pensamento e a práxis
educacional de Jacques Ardoino.

Sobre os autores

Jacques Ardoino é doutor em Ciências Humanas e professor emérito da Universidade de Paris Vincennes à Saint--Denis (Paris 8). Mentor da teoria da *multirreferencialidade*, por vários anos coordenou a formação doutoral em Ciências da Educação desta Universidade.

Guy Berger é doutor em Letras e Ciências Humanas. Professor emérito da Universidade de Paris Vincennes à Saint-Denis (Paris 8), toda a sua obra é dedicada a pensar as Ciências da Educação a partir de uma perspectiva epistemológica plural.

Roberto Sidnei Macedo é doutor em Ciências da Educação pela Universidade de Paris Vincennes à Saint-Denis (Paris 8), tem pós-doutorado em currículo e formação na Universidade de Fribourg-Suíça. Coordena o FORMACCE – Grupo de Pesquisa em Currículo e Formação FACED-UFBA, e é membro do GT de Currículo da ANPED.

Joaquim Gonçalves Barbosa é doutor em Educação pela PUC São Paulo e pesquisador do campo da gestão escolar e da formação – UFSCar/UMESP. Seu campo de atuação centraliza-se na pesquisa educacional de uma perspectiva *clínica* e *multirreferencial*.

Sérgio Borba é doutor em Ciências da Educação pela Universidade de Paris Vincennes à Saint-Denis (Paris 8) e pesquisador do Centro de Educação da UFAL nos campos da avaliação e da formação. Suas pesquisas e obras procuram vincular essas duas temáticas aos aportes *clínico* e *multirreferencial*.

Este livro foi composto com tipografia ITC Garamond e impresso
em papel Off Set 75 g/m² na Gráfica Paulinelli.